Cuarta edición: mayo de 2016

© 2016, Cocina Hermanos Torres S&J S. L.
© 2016, Corporación RTVE, S. A. U. y Lavinia Audiovisual, S. L.
© 2016, Penguin Random House Grupo Editorial, S. A. U.
Travessera de Gràcia, 47-49. 08021 Barcelona
© de las ilustraciones, Creativemarket y Thinkstock
© de las fotografías del interior, Marc Vergés

Diseño y maquetación del interior: Cómo Design

Printed in Spain – Impreso en España

ISBN: 978-84-01-01731-5
Depósito legal: B-739-2016

Compuesto en M. I. Maquetación, S. L.

Impreso en Gráficas 94, S. L.
Sant Quirze del Vallès (Barcelona)

L 0 1 7 3 1 5

Penguin
Random House
Grupo Editorial

A Núria y Miquel; Mariana, Greta y Gael.

*Sin vuestro apoyo y comprensión,
nada de esto sería posible.*

JAVIER Y SERGIO TORRES

ÍNDICE

ÍNDICE

INTRODUCCIÓN

Cocinar es un placer. Si hay algo de lo que estamos convencidos y que intentamos transmitir en *Torres en la cocina* es que siempre existe un motivo para cocinar. Disfrutamos con los productos que nos ofrece el mercado, elaborando platos sanos y sabrosos, aprendiendo y buscando inspiración en nuestros recuerdos y experiencias culinarias. Queremos contribuir **a recuperar esos hábitos saludables** que, en ocasiones, quedan relegados por el ritmo frenético con el que vivimos, y demostrar que se pueden **conseguir resultados de alta cocina en casa**.

Éstos son los valores y la filosofía que nos mueve: **recuperar el placer de cocinar**. Creemos firmemente que la cocina aporta grandes beneficios a nuestra salud física y mental. En primer lugar, porque cocinar en casa es, sin duda alguna, la clave para **llevar una alimentación sana**. Y en segundo lugar, porque, mientras cocinamos, nuestra mente descansa de otras preocupaciones, por tanto es una terapia que alimenta cuerpo y mente. Si además **compartimos el resultado con amigos o familia**, no sólo disfrutaremos de una comida deliciosa, sino que también compartiremos un rato agradable con los nuestros y **nos sentiremos mejor**. ¡Qué más se puede pedir!

El producto es el centro de nuestra cocina, por eso tenemos muy en cuenta lo que nos ofrece cada temporada. De este modo contribuimos a **respetar el medio ambiente** y, como recompensa, obtenemos **alimentos más sabrosos y económicos**. Éste es el secreto que nos ayuda a conseguir grandes platos con elaboraciones sencillas y resultados de alta cocina.

Con cada producto que descubrimos se abre un mundo ante nosotros que merece la pena explorar. Vamos a mostrar nuevos sabores, combinaciones para sorprender y para dar **ese toque que nos hace diferentes**. Buscamos resultados de lujo preparados con la **mínima manipulación y el máximo respeto al producto**. Queremos poner nuestro granito de arena compartiendo el conocimiento de las distintas técnicas que hemos adquirido a lo largo de estos años, esos **pequeños trucos** que nos simplifican el trabajo, así como secretos para sacar el mayor partido a los alimentos. Empezamos desde la base de nuestra cocina: los caldos y fondos que, tratados con esmero y sin prisa, nos dan toda la profundidad de sabor que marca la diferencia.

Y, por último, pero no por ello menos importante: la memoria. Cuando cocinamos, revivimos los **olores, sabores y recuerdos de la infancia** junto a nuestra abuela Catalina preparando cada día un festival de platos. Más tarde incorporamos los **conocimientos adquiridos en nuestros viajes** por el mundo, además de la **experiencia compartida con grandes maestros**. Este bagaje nos permite seguir creciendo y evolucionando sin perder de vista nuestros orígenes.

De todo lo anterior surgen estas recetas de *Torres en la cocina*. Queremos compartirlas para que las hagáis vuestras, las enriquezcáis con vuestro toque personal y las adereséis con vuestros recuerdos y vivencias haciendo de cada plato una experiencia única y especial. **La cocina es también un lugar donde probar, arriesgar y divertirse.**

Somos lo que comemos, y eso está en nuestras manos.

GLOSARIO

AJOS EN CAMISA

DIENTES DE AJO CON LA PIEL

Utilizamos ajos en camisa, sin pelar, para aromatizar ligeramente una salsa o guiso y poder retirar al final. Para que liberen más aroma, los aplastamos ligeramente.

BLANQUEAR

ESCALDAR UN ALIMENTO DURANTE UNOS SEGUNDOS

Este paso es imprescindible en las carnes de un caldo para quitar parte de impurezas, grasa y sangre que puedan contener. En este caso, las sumergimos en agua hirviendo unos segundos y escurrimos.

También se aplica a verduras para ablandarlas o pelarlas, como los tomates, y en hierbas para fijar la clorofila. En estos casos, los sumergimos unos segundos en agua hirviendo, escurrimos y enfriamos rápidamente en un bol con agua y hielo.

BRESA

VERDURAS CORTADAS EN DADOS PARA GUISOS Y ASADOS

Las verduras más habituales para la bresa son la cebolla, el apio, la zanahoria, el puerro y el ajo, que cortamos en dados de unos 2 centímetros. Estas verduras sirven de base para asados y guisos; dan sabor y textura a la salsa.

BRIDAR

ATAR UNA CARNE O PESCADO PARA QUE AL COCER NO PIERDA SU FORMA

Se suele utilizar hilo de bramante. En general, se bridan carnes o pescados con relleno para que éste se mantenga en el interior. También hay que bridar las aves que se cocinan enteras, o las piezas grandes de carne, como rosbif o jarrete, para que conserven mejor los jugos.

CHALOTA

VERDURA DE LA FAMILIA DE LAS CEBOLLAS Y LOS AJOS TAMBIÉN
CONOCIDA COMO ESCALONIA

La chalota es más pequeña, suave y dulce que la cebolla común.
Necesita algo menos de cocción que la cebolla, por lo que es
una muy buena opción para utilizarla en salsas y guisos.

CHASCAR

ROMPER TROZOS DE UN ALIMENTO, GENERALMENTE LA PATATA

Para chascar las patatas, cortamos hasta la mitad y tiramos para
romper, así tenemos trozos irregulares pero que van a liberar
almidón al cocer. Es un corte perfecto para estofados y guisos
porque la patata, además de engordar la salsa, absorbe mejor
los sabores.

COCOTTE

OLLA DE BARRO, PORCELANA O HIERRO FUNDIDO CON TAPA
APTA PARA HORNO

Utilizamos la cocotte para cocinar alimentos en su propio jugo.
En algunos casos incluso sellamos la tapa con una mezcla
de harina y agua para que no se escape el vapor.

CONCASSÉ

CORTE EN DADOS DE MEDIO CENTÍMETRO

Este tipo de corte se suele aplicar a los tomates. Para el tomate
concassé empezamos blanqueando los tomates, los enfriamos
rápidamente en agua con hielo y los pelamos. Cortamos el
tomate en cuartos y retiramos las semillas. Entonces picamos
la carne del tomate en dados de medio centímetro
aproximadamente.

GLOSARIO

CONFITAR

COCER EN ACEITE A TEMPERATURA BAJA

Podemos confitar verduras, carnes o pescados. En todos
los casos, cubrimos con aceite y ponemos a fuego suave
procurando que no llegue a hervir. Así conseguimos alimentos
jugosos y tiernos con todo el sabor que aporta el aceite.

DESGLASAR

DESPEGAR Y RECUPERAR LOS JUGOS DE COCCIÓN CON
UN LÍQUIDO

Podemos desglasar los jugos que se han quedado en el fondo
de una cazuela después de dorar o asar carnes y obtener una
salsa. Los líquidos más utilizados para desglasar son el vino y el
caldo, aunque también podemos hacerlo con zumo de limón,
un licor o incluso con verduras que liberan agua como la cebolla.

DESGRASAR

QUITAR LA GRASA DE UN CALDO O GUISO

Podemos desgrasar en caliente retirando la grasa y espuma que
se concentra en la superficie de caldos y guisos, o bien una vez
ha enfriado y la grasa se ha solidificado. Desgrasar los caldos es
imprescindible para conseguir consomés limpios y transparentes.

DORAR

COCINAR UN ALIMENTO PARA DARLE UN TONO DORADO
Y TOSTADO

Se puede aplicar a cualquier alimento que cocinemos al horno,
a la brasa o con una grasa. En estos casos, los alimentos se
tuestan, quedan dorados y desarrollan un gran abanico de
sabores. Este proceso se conoce como reacción de Maillard.

ESTAMEÑA

TELA PARA COLAR

La estameña es un tipo de tela de algodón o nailon para colar muy fino caldos y otros líquidos. Si no tenemos estameña podemos utilizar el colador más fino que tengamos, filtros de café, un trozo de tela o papel resistente sobre un colador común, o incluso utilizar dos coladores, uno encima del otro.

GLASEAR

DAR UN TRATAMIENTO FINAL A UN ALIMENTO PARA QUE QUEDE BRILLANTE

Una de las formas habituales de glasear es saltear con mantequilla y un poco de vino o vinagre. Al reducir el jugo recubrimos el alimento (por ejemplo, unas cebollitas) y queda glaseado.

LACAR

CUBRIR UN ALIMENTO CON SALSA BRILLANTE

Para lacar necesitamos una salsa muy reducida, espesa y brillante. Entonces bañamos repetidamente la carne o el alimento con la salsa hasta que quede totalmente cubierto.

MARCAR

DORAR SUPERFICIALMENTE UN ALIMENTO A FUEGO FUERTE

Para marcar la carne, la ponemos en una sartén caliente con un poco de aceite o mantequilla. Tostamos rápidamente todas las caras de modo que la carne quede sellada y no se pierdan los jugos en la cocción posterior.

MIREPOIX

Tipo de corte para verduras en cubos de 1 centímetro aproximadamente. El corte mirepoix se suele aplicar a las verduras de la bresa: cebolla, apio y zanahoria.

GLOSARIO

NACARAR
SOFREÍR EL ARROZ ANTES DE AÑADIR EL LÍQUIDO DE COCCIÓN
Cuando nacaramos el arroz, el grano se cierra, con lo que mantiene mejor la forma con la cocción y queda más suelto. El nombre viene del color que coge el grano de arroz cuando lo sofreímos, parecido al nácar.

POCHAR
FREÍR A FUEGO SUAVE
Lo más habitual es pochar verduras como la cebolla. Ponemos las verduras en una sartén con aceite o mantequilla y mantenemos a fuego suave para que se cocinen lentamente hasta quedar melosas, suaves y muy tiernas.

QUENELLE
PRESENTACIÓN CON FORMA OVALADA
La forma tradicional de crear una quenelle es con la ayuda de dos cucharas pasando el elemento de una a otra dando una forma ovalada. Se puede hacer con helado, crema, masa, puré y otras preparaciones de consistencia similar.

REHOGAR
SOFREÍR LIGERAMENTE
Para rehogar ponemos las verduras, carnes o pescados al fuego con aceite o mantequilla y sofreímos un poco hasta que se ablandan.

ROUX

MEZCLA DE ACEITE O MANTEQUILLA Y HARINA PARA ESPESAR SALSAS O MASAS

El roux es la base, por ejemplo, de la salsa bechamel. Se calienta mantequilla o aceite y se añade la harina. Si queremos una base blanca, dejamos que se cocine la harina unos pocos minutos sin coger color. Para una base oscura dejamos que la harina se tueste.

SALTEAR

REHOGAR A FUEGO ALTO Y DURANTE POCO TIEMPO UN ALIMENTO

A diferencia de rehogar o pochar, salteamos un alimento para cocerlo ligeramente y en muy poco tiempo en aceite o grasa. Por eso es importante que la sartén esté bien caliente.

SELLAR

Véase MARCAR

TORNEAR

CORTAR UN INGREDIENTE Y DARLE FORMA OVALADA

Para tornear una zanahoria o una patata, las verduras más habituales, cortamos un trozo alargado y con la puntilla pulimos en curva, de arriba abajo, hasta conseguir una forma ovalada o de barril.

VELOUTÉ

SALSA PREPARADA CON UN CALDO ESPESADO CON UN ROUX

Es parecida a la bechamel, sólo que utilizamos caldo en lugar de leche o nata. La podemos hacer con caldo de verduras, pescado o ave según la receta.

EL FONDO ES LA BASE, LA BASE ES EL FONDO

Nuestra cocina empieza con unos buenos caldos. Son el 100% de la base, por eso hay que darles la importancia y el cariño que merecen.

CALDO DE PESCADO

Raciones

2 litros

Tiempo de preparación

35 minutos

Ingredientes

1 kg de cintas
500 g de galeras
500 g de cangrejos
2 cebollas
3 zanahorias
¼ de celerí
¼ de hinojo
1 puerro
Granos de pimienta
1 hoja de laurel
Aceite de oliva

1. Lavamos muy bien los pescados y mariscos.
2. En una olla con un poco de aceite caliente salteamos los cangrejos.
   TOQUE TORRES: las galeras no pueden faltar en nuestros fumets.
3. Cuando estén dorados añadimos las galeras y las dejamos dorar también.
4. Agregamos las cintas, las verduras cortadas en trozos grandes, la pimienta y el laurel. Removemos todo el conjunto e incorporamos el agua, 1 litro por cada kilo de pescado.
5. Llevamos a ebullición y bajamos el fuego al mínimo. Retiramos la espuma e impurezas que se acumulan en la superficie y dejamos que hierva suavemente, sin tapar, unos 20 minutos.
6. Pasado este tiempo, tapamos y dejamos que repose otros 10 minutos. Después colamos con una estameña o un trapo o papel encima de un colador. Así tenemos un caldo de pescado listo para usar, guardar o congelar.

EL CALDO DE PESCADO O FUMET ES LA BASE
PARA ARROCES Y GUISOS MARINEROS.

PODEMOS USAR OTROS TIPOS DE PESCADO DE ROCA,
COMO ARAÑA, RUBIOS O RASCACIOS, Y TAMBIÉN LAS ESPINAS
Y CABEZAS DE PESCADO BLANCO.

LOS CALDOS DE PESCADO NO PUEDEN HERVIR MÁS DE
30 MINUTOS PORQUE AMARGAN Y QUEDAN TURBIOS.

CALDO DE VERDURAS

Raciones

2 litros

Tiempo de preparación

45 minutos

Ingredientes

½ brócoli
4 zanahorias
2 cebollas
2 puerros
1 chirivía
1 nabo
½ celerí
½ hinojo
10 granos de pimienta
1 hoja de laurel
1 anís estrellado

1. Lavamos las verduras y las cortamos en trozos grandes.
   TOQUE TORRES: vamos a aromatizar ligeramente el caldo de verduras con anís estrellado.
2. Colocamos estas verduras junto con el laurel, la pimienta y el anís en una olla y añadimos agua sin cubrir del todo. Durante la cocción las verduras van a soltar parte de su líquido de tal manera que se completará el caldo.
3. Ponemos a fuego fuerte hasta que hierva, después retiramos las impurezas de la superficie y bajamos el fuego al mínimo. Dejamos hervir suavemente durante 30 minutos sin tapar la olla.
4. Apagamos, tapamos y dejamos que repose durante otros 10 minutos. Colamos y estará listo.

PODEMOS APROVECHAR PIELES, RECORTES Y RESTOS DE VERDURAS QUE SOBREN DE OTRAS RECETAS PARA PREPARAR CALDO DE VERDURAS.

EL CALDO DE VERDURAS ES PERFECTO PARA COCINAR UN ARROZ DE VERDURAS TOTALMENTE VEGETARIANO.

NO RECOMENDAMOS PONER TUBÉRCULOS, COMO LA PATATA, PORQUE LO ENTURBIARÍA.

CALDO DE AVE

Raciones

3 litros

Tiempo de preparación

6 horas

Ingredientes

1 gallina
3 carcasas de pollo
1 pie de cerdo
500 g de hueso de jamón
4 zanahorias
2 cebollas
2 puerros
¼ de celerí
½ cabeza de ajos

Para un caldo claro:

1. Blanqueamos todas las carnes.
2. En otra olla ponemos las carnes blanqueadas y las verduras enteras, y añadimos agua fría hasta cubrir justo las carnes.
3. Llevamos a ebullición y bajamos el fuego al mínimo. Dejamos a fuego suave, sin tapar, durante 6 horas.
4. Vamos retirando la grasa que se acumula en la superficie, especialmente al principio. El desgrasado es muy importante para conseguir un caldo limpio y transparente.
5. Una vez listo, pasamos el caldo por un colador fino o una estameña y ya lo tenemos preparado para nuestras recetas o para congelar.

Para un caldo oscuro:

6. Ponemos la gallina y las carcasas en una bandeja y horneamos a 200 °C durante unos 30 minutos o hasta que estén doradas.
7. Blanqueamos el pie de cerdo y el hueso de jamón.
8. Una vez tenemos las carnes a punto, seguimos el mismo proceso del caldo claro.

UN CALDO OSCURO, CON LAS CARNES TOSTADAS,
TIENE UN SABOR Y UN COLOR MÁS INTENSOS.

EL CALDO DE AVE ES UNO DE LOS MÁS VERSÁTILES
EN LA COCINA, NOS SERVIRÁ PARA MULTITUD DE PLATOS.

EL PIE DE CERDO APORTA GELATINA Y LE DA CUERPO.

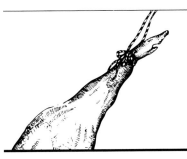

CALDO DE JAMÓN

Raciones

2 litros

Tiempo de preparación

240'

4 horas

Ingredientes

1 kg de huesos de jamón
1 pie de cerdo
2 zanahorias
1 cebolla
1 puerro
1 cabeza de ajos
1 hoja de laurel

1. Para empezar, blanqueamos los huesos de jamón y el pie para quitar impurezas.

2. En una olla con agua fría ponemos los huesos y el pie blanqueados, las verduras enteras y la hoja de laurel. Conviene tener en cuenta que el agua debe cubrir justo el resto de los ingredientes.

3. Llevamos a ebullición y quitamos la capa de grasa e impurezas que se acumula en la superficie del caldo.

4. Bajamos el fuego al mínimo y dejamos hervir muy suavemente, sin borbotones, entre 3 y 4 horas. Es importante que vayamos desengrasando la superficie del caldo.

5. Colamos con un colador fino o una estameña y está listo para usar o guardar en la nevera o el congelador.

EL CALDO DE JAMÓN ES LA BASE PARA PREPARAR UNA SALSA DE JAMÓN. REDUCIMOS EL CALDO CON NATA HASTA TENER UNA TEXTURA ESPESA Y UNTUOSA.

ES IMPORTANTE UTILIZAR HUESOS DE JAMONES DE CALIDAD (SI ES POSIBLE, IBÉRICO).

LA GELATINA DEL PIE DE CERDO DA MAYOR CONSISTENCIA AL CALDO.

CALDO DE COCIDO

Raciones

3 litros

Tiempo de preparación

480'

8 horas

Ingredientes

400 g de costilla de cerdo
300 g de gallina
2 carcasas de pollo
200 g de falda de ternera
150 g de papada de cerdo
¼ de pie de ternera
4 zanahorias
2 cebollas
2 puerros
¼ de celerí
¼ de hinojo

1. Blanqueamos todas las carnes para eliminar parte de la sangre y de las impurezas que contienen.
2. En otra olla ponemos las carnes blanqueadas y las verduras enteras, y añadimos agua fría hasta cubrir justo las carnes.
3. Llevamos a ebullición y bajamos el fuego al mínimo. Dejamos a fuego suave, sin tapar, durante 8 horas.
4. Vamos retirando la grasa que se acumula en la superficie, especialmente al principio. El desengrasado es muy importante para conseguir un caldo transparente.
5. Si durante este tiempo evapora demasiado líquido, podemos compensarlo añadiendo un poco más de agua caliente a la olla.
6. Una vez listo, colamos con un colador fino o una estameña y ya podemos usarlo en nuestras recetas o congelar.

Falda

NUESTROS CALDOS SON CONCENTRADOS, CON EL AGUA JUSTA PARA EXTRAER LA MÁXIMA ESENCIA DE LAS CARNES.

EL CALDO DE COCIDO NOS SIRVE DE BASE PARA GUISOS, ESTOFADOS, SOPAS, ARROCES DE MONTAÑA, SALSAS E INCLUSO VINAGRETAS.

RECOMENDAMOS HACER UNA BUENA CANTIDAD DE CALDO PARA CONGELARLO Y TENER SIEMPRE A MANO.

FONDO DE TERNERA

Raciones

5 litros de caldo
1 litro de fondo reducido

Tiempo de preparación
720'

12 horas

Ingredientes

3 kg de huesos de caña
de ternera
3 kg de huesos de espinazo
de ternera
½ pie de ternera
3 zanahorias
2 cebollas
1 cabeza de ajos
8 tomates
¼ de celerí
¼ de hinojo
750 ml de vino tinto
10 g de azúcar
10 granos de pimienta negra
Aceite de oliva

✗ **TRUCO TORRES:** no es necesario tostar los huesos para hacer este fondo de ternera.

1. Blanqueamos los huesos y el pie de ternera.
2. En una olla grande con aceite caliente doramos la cabeza de ajos partida por la mitad, sin pelar.
3. Cuando están bien dorados, añadimos la zanahoria, la cebolla, el hinojo y el celerí cortados en trozos grandes. Dejamos sofreír bien, unos 10 minutos.
4. Incorporamos el tomate picado y rehogamos ligeramente. Añadimos el vino y un poco de azúcar que nos ayude a compensar la acidez del vino y el tomate.
5. Al cabo de unos pocos minutos ponemos los huesos y el pie de ternera y cubrimos con agua.
6. Cuando hierva, quitamos la grasa e impurezas que se acumulan en la superficie y bajamos el fuego al mínimo. Lo dejamos a fuego suave, sin tapar, durante 12 horas. Es muy importante que vayamos desengrasando con frecuencia.
7. Una vez listo, colamos con una estameña o trapo fino y lo ponemos en un cazo al fuego, que iremos reduciendo, hasta conseguir una textura espesa y sedosa. Así tenemos un fondo de ternera preparado para usar.

EL FONDO DE TERNERA PUEDE ACOMPAÑAR TANTO
CARNES COMO PESCADOS.

PODEMOS CONGELAR ESTE FONDO DE TERNERA EN CUBITOS
PARA TENER PORCIONES A PUNTO CUANDO LO NECESITEMOS.

LA TEXTURA UNTUOSA DE LA SALSA SE DEBE, EN PARTE,
AL COLÁGENO QUE APORTA EL PIE DE TERNERA.

COCINA DE RECUERDOS

Los olores y sabores de la infancia,
la abuela en la cocina, los viajes
alrededor del mundo y la experiencia
compartida con grandes maestros.
Los recuerdos nos siguen
alimentando día a día.

MEJILLONES CON SOFRITO DE LA ABUELA

Raciones

2 personas

Tiempo de preparación 60'

1 hora

Ingredientes

700 g de mejillones grandes
300 g de tomate
100 g de cebolla
2 dientes de ajo
1 rama de tomillo
Aceite de oliva
Sal
Hojas de perifollo

1. Picamos la cebolla y un diente de ajo muy finos y los pochamos en una sartén con un poco de aceite de oliva lentamente hasta que esté bien dorada y caramelizada. Va a tardar unos 20 minutos.

2. Escaldamos los tomates con un pequeño corte en la piel durante 10 segundos en agua hirviendo. Los retiramos y ponemos en un bol con agua y hielo para cortar la cocción.

3. Pelamos, partimos en cuartos y retiramos las semillas de los tomates. Tenemos la pulpa limpia que vamos a picar en dados pequeños. Esta preparación se conoce como tomate concassé.
TOQUE TORRES: vamos a aromatizar el sofrito con tomillo.

4. Añadimos el tomate a la cebolla junto con el tomillo picado. Salpimentamos y dejamos que se cocine lentamente unos 30 minutos hasta que el tomate haya perdido su agua, y el sofrito esté brillante y concentrado.

5. Mientras se termina el sofrito limpiamos los mejillones retirando las barbas y los corales que se acumulan en la concha.

6. Abrimos los mejillones encima de una brasa o bien en una sartén muy caliente sin nada de aceite. En el momento en que se abran, los retiramos enseguida para que no se cocinen en exceso.

7. Cortamos el otro diente de ajo en láminas finas y las freímos en abundante aceite caliente hasta que estén bien crujientes.

8. Sacamos los mejillones y desechamos una de las conchas. Rellenamos la otra concha con una buena cucharada de sofrito y ponemos el mejillón encima. Terminamos el plato con los chips de ajo y unas hojas de perifollo.

EL MEJILLÓN ES UNO DE LOS MARISCOS
MÁS ECONÓMICOS, SABROSOS Y NUTRITIVOS.

150 G DE MEJILLONES TIENEN EL MISMO HIERRO
QUE UN FILETE DE TERNERA.

FIDEUÁ
DE CALAMAR

Raciones

2 personas

Tiempo de preparación

15 minutos

Ingredientes

150 g de fideos cabello
de ángel

3 calamares pequeños
o chipirones

1 chalota

2 dientes de ajo

¼ de pimiento rojo

¼ de pimiento verde

5 cucharadas de tomate
triturado

1 cucharadita de pimentón
dulce

300 ml de caldo de pescado
(véase la receta)

500 ml de aceite de girasol

Aceite de oliva

Sal

Pimienta

Cebollino

1. Cortamos los calamares en aros. También podemos aprovechar las aletas y tentáculos de los calamares que utilicemos en otras recetas.

2. En una cazuela baja, que también sea apta para el horno, rehogamos la chalota, el ajo y los pimientos picados con un poco de sal.

3. Antes de que cojan color, añadimos el pimentón, damos un par de vueltas y cortamos la cocción con el tomate triturado. Dejamos a fuego medio hasta conseguir un sofrito concentrado y brillante.
✕ **TRUCO TORRES** para que los fideos no se pasen de cocción.

4. Freímos los fideos en abundante aceite de girasol caliente hasta que estén ligeramente tostados. Los escurrimos con un colador y reservamos.

5. Cuando el sofrito está a punto, añadimos el calamar y rehogamos un par de minutos. Ponemos los fideos escurridos y mojamos con el caldo de pescado caliente. Salpimentamos y dejamos que hierva a fuego fuerte un par de minutos.

6. Llevamos la cazuela al horno, que estará precalentado a 180 °C, y con el grill a máxima potencia. Dejamos unos 3 minutos, hasta que los fideos estén dorados y se hayan levantado por el efecto del grill.

7. Trituramos un diente de ajo con aceite de oliva, sin que llegue a ligar.

8. Servimos la fideuá directamente del horno, espolvoreamos con cebollino picado y acompañamos con el aceite de ajo.

LA FIDEUÁ ES UN PLATO ORIGINARIO DE LA COMUNIDAD VALENCIANA, CONCRETAMENTE DE GANDÍA. NACIÓ COMO UNA VERSIÓN DEL ARROZ A BANDA CON FIDEOS.

ENSALADA DE TOMATES Y CAPELLÁN

Raciones

2 personas

Tiempo de preparación

10 minutos

Ingredientes

6 tomates pera en conserva
1 tomate fresco
2 capellanes
1 rama de apio
2 alcachofas
6 pepinillos
1 cebolla tierna
Alcaparras
Escarola y brotes de ensalada
Aceite de oliva
Vinagre
Sal
Pimienta

1. Limpiamos bien las alcachofas para sacar el corazón limpio de hojas y pelusa. Las ponemos en agua con perejil para que no se oxiden.

2. Cortamos en dados del mismo tamaño los tomates, las alcachofas, la cebolla, el apio y los pepinillos.
TOQUE TORRES: descubrimos el capellán.

3. Tostamos bien la piel del capellán. Podemos hacerlo directamente en el fuego del fogón o con un soplete. Lo desmigamos cuando aún está caliente.

4. Preparamos un bol con hielo y ponemos otro encima. En éste mezclamos los tomates, el capellán desmigado, las verduras y los encurtidos. Salpimentamos, ponemos unas gotas de vinagre y un buen chorro de aceite de oliva. Removemos con energía para ligar el aceite con el líquido de los tomates.

5. Servimos con algunas hojas de escarola y brotes aliñados con sal, aceite y vinagre.

EL CAPELLÁN ES UN TIPO DE BACALADILLA
QUE SE SECA EN LAS BARCAS CON LA BRISA DEL MAR.
ES TÍPICO DE LA COSTA LEVANTINA.

ESTE PLATO ERA LA COMIDA MÁS HABITUAL
DE LOS JORNALEROS QUE RECOGÍAN NARANJAS.
LLEVABAN LOS CAPELLANES COLGADOS DEL CINTURÓN
Y BOTES DE TOMATE EN CONSERVA DEL VERANO.

SI NO TENEMOS CAPELLÁN, PODEMOS PREPARAR
ESTA ENSALADA CON ARENQUE O BACALAO.

RAVIOLIS DE GAMBAS Y BOLETUS

Raciones

2 personas

Tiempo de preparación

40 minutos

Ingredientes

500 g de gamba roja
2 cebollas
400 g de boletus
100 ml de aceite de girasol
1 vaina de vainilla
Ralladura de bergamota
Cebollino picado
Sal
Pimienta

1. Empezamos por el relleno del ravioli. En un cazo con aceite de oliva pochamos la cebolla muy picada a fuego suave hasta que esté casi caramelizada, unos 20 minutos.
2. Añadimos el boletus picado a la cebolla y dejamos cocinar unos minutos más.
3. Calentamos ligeramente el aceite de girasol con la vaina de vainilla, retiramos del fuego y dejamos infusionar mientras se enfría.
4. Pelamos y separamos las colas de gamba, les quitamos el intestino y las disponemos en grupos de 3 o 4 encima de papel film formando un círculo. Tapamos con otra parte de film y las aplastamos con una maza hasta tener las láminas de gamba.
5. Untamos un molde de silicona de semiesferas con el aceite de vainilla. Ponemos las láminas de gamba, rellenamos con la farsa y cerramos el ravioli.
6. Colocamos los raviolis en una bandeja sobre papel de horno, los pincelamos con el aceite de vainilla y ponemos en el horno caliente un minuto para que cojan algo de temperatura.
   TOQUE TORRES: le damos un toque cítrico con bergamota.
7. Los servimos con ralladura de bergamota por encima y un poco de cebollino picado.

ESTA RECETA LA CREÓ SANTI SANTAMARÍA,
UNO DE LOS GRANDES COCINEROS ESPAÑOLES
Y MAESTRO DE JAVIER TORRES.

SANTI SANTAMARIA OBTUVO 7 ESTRELLAS MICHELIN EN 2009.

EL BOLETUS TAMBIÉN SE PUEDE ENCONTRAR SECO
CUANDO NO ES TEMPORADA.

ARROZ CON BACALAO Y COLIFLOR

Raciones

2 personas

Tiempo de preparación

25 minutos

Ingredientes

140 g de arroz bomba
1 l de caldo de pescado
   (véase la receta)
1 chalota
50 g de tomate triturado
100 g de bacalao desalado
60 g de coliflor
1 cucharadita de pimentón
   dulce
2 dientes de ajo
200 ml de aceite de oliva
Ralladura de lima
Sal
Pimienta

1. Empezamos con el sofrito, rehogamos la chalota muy picada con aceite de oliva.
2. Cuando la chalota esté transparente, incorporamos el pimentón dulce, damos un par de vueltas para que se cocine un poco y cortamos la cocción con el tomate triturado. Dejamos que reduzca el tomate hasta que pierda el agua y esté brillante.
3. Agregamos el arroz y nacaramos bien.
   ✗ **TRUCO TORRES:** vamos a hacer sufrir el arroz.
4. Añadimos el caldo de pescado, un par de cucharones, y dejamos que el arroz absorba todo el líquido. Cuando esté bien seco añadimos un poco más de líquido. Vamos a repetir este proceso hasta que el arroz esté cocido, unos 15 minutos.
5. Cortamos una parte de la coliflor en ramilletes lo más pequeños posible. También cortamos el bacalao en dados pequeños y reservamos algunas láminas finas para el emplatado.
6. Dos minutos antes de terminar la cocción del arroz, añadimos la coliflor. Ya fuera del fuego, incorporamos el bacalao en dados que se va a cocinar con el calor de la cazuela.
7. Con un pelador quitamos la parte exterior de la coliflor, la desmenuzamos bien hasta conseguir una textura de caviar y aliñamos con ralladura de lima, aceite y sal.
8. Trituramos los dientes de ajo con aceite de oliva con la batidora. Añadimos un par de cucharadas de este aceite de ajo al arroz y removemos. Así va a quedar bien ligado y meloso.
9. Emplatamos el arroz con el caviar de coliflor por encima, las láminas de bacalao y un poco de cebollino picado.

ESTE ARROZ ES UNA VERSIÓN DE UN PLATO
TÍPICO DE CUARESMA.

LA MEJOR TEMPORADA DE LA COLIFLOR ES
ENTRE NOVIEMBRE Y ABRIL.

CON LA TÉCNICA DE HACER SUFRIR EL ARROZ, QUEDA
EL GRANO MÁS ENTERO Y NO NOS PASAMOS DE CALDO.

CONSOMÉ DE CAZA

Raciones

4 personas

Tiempo de preparación (210')

3 horas y media

Ingredientes

500 g de costilla de corzo
500 g de espinazo de jabalí
500 g de jamón o costillas de liebre
400 ml de vino tinto
1 cebolla
2 zanahorias
1 puerro
¼ de celerí
4 huevos de pollita
2 champiñones grandes
1 trufa
Jugo de trufa
Vinagre blanco
Tomillo
Romero
Azúcar
Sal

1. Blanqueamos los huesos y las carnes de caza. Éste siempre es el primer paso para las carnes de un caldo.
2. Hervimos el vino junto con una cucharada de azúcar para quitarle la acidez.
3. Ponemos en una olla las carnes blanqueadas y las verduras limpias y enteras. Cubrimos con el vino y el agua y ponemos al fuego.
4. En cuanto hierva quitamos la grasa e impurezas de la superficie y bajamos el fuego al mínimo para que hierva sin borbotones, muy suavemente. Tendremos el caldo en el fuego durante 3 horas, desengrasando siempre que sea necesario.
5. En el último momento añadimos una rama de tomillo y una de romero sólo para aromatizar.
6. Colamos el consomé y lo mantenemos caliente.
7. Cocemos los huevos sin cáscara directamente en agua hirviendo con sal y un chorro de vinagre. En 3 minutos están listos. Escurrimos y reservamos sobre un papel absorbente.

   TOQUE TORRES: vamos a aromatizar el consomé con trufa.
8. Añadimos un poco de jugo de trufa al consomé caliente y rectificamos de sal.
9. Para emplatar, ponemos un huevo en el centro del plato. Rodeamos el huevo con trufa laminada muy fina. Cortamos unos dados de champiñón y los colocamos alrededor. Finalmente servimos el consomé hasta cubrir.

HIRVIENDO A FUEGO MUY SUAVE DURANTE MUCHAS HORAS
Y SIN TAPAR CONSEGUIMOS UN CALDO QUE
NO ES NECESARIO CLARIFICAR PARA TENER UN CONSOMÉ.

EL HUEVO DE POLLITA ES EL PRIMER HUEVO DE LAS GALLINAS
PONEDORAS Y ES MÁS PEQUEÑO.

TAMBIÉN SE PODRÍA AROMATIZAR EL CONSOMÉ
CON VINO DE JEREZ.

CANELONES DE LA ABUELA CATALINA

Raciones

4 personas

Tiempo de preparación

210'

3 horas y media

Ingredientes

200 g de falda de ternera
300 g de pechuga de pollo
200 g de salchicha fresca
100 g de papada de cerdo
3 cebollas
2 cucharadas de harina
500 ml de nata
12 láminas de pasta para
   canelones
Queso parmesano rallado
Aceite de oliva
Sal
Pimienta

Bechamel

80 g de mantequilla
80 g de harina
500 ml de caldo de ave
   (véase la receta)
500 ml de nata
2 yemas de huevo

1. Doramos las carnes salpimentadas y por tandas en una cazuela amplia con aceite de oliva. Vamos reservando a medida que estén bien doradas.

2. En la misma cazuela sofreímos la cebolla picada hasta que esté transparente.

3. Añadimos la harina y cocinamos durante un par de minutos para que pierda el sabor a crudo. Incorporamos la nata y mezclamos bien hasta que espese.

4. Incorporamos las carnes y pasamos todo el conjunto por la picadora de carne. Ponemos esta farsa en una manga pastelera y reservamos.

5. Hervimos la pasta en agua con sal hasta que esté al punto. Después la extendemos sobre un trapo de cocina y secamos con otro trapo.

6. Rellenamos los canelones, los enrollamos y reservamos.

Para la bechamel:

7. Fundimos la mantequilla y añadimos la harina. Dejamos que se cocine un par de minutos mientras vamos removiendo.

   🍴 **TOQUE TORRES:** nuestra mejor bechamel con caldo y huevo.

8. Añadimos la nata y el caldo de ave caliente y removemos para que no queden grumos. Una vez haya espesado, rectificamos de sal y pimienta y apartamos del fuego.

9. Fuera del fuego añadimos las yemas de huevo y removemos muy bien para que no cuaje.

10. En una fuente para horno ponemos un poco de bechamel en la base, después los canelones y extendemos el resto de la bechamel por encima. Cubrimos con queso rallado y gratinamos en el horno.

LOS CANELONES LLEGARON A ESPAÑA DE LA MANO
DE LOS CHEFS ITALIANOS Y SUIZOS
QUE TRABAJABAN EN RESTAURANTES DE PRESTIGIO
DE BARCELONA Y QUE LOS INCLUYERON EN LA CARTA.

SOPA DE NAVIDAD

Raciones

10 personas

Tiempo de preparación

5 horas y media

Ingredientes

1 gallina
1 pollo de corral
1 pie de cerdo
500 g de papada de cerdo
500 g de hueso de jamón
500 g de huesos de rodilla
  de ternera
500 g de espinazo de cerdo
2 cebollas | 2 zanahorias
2 chirivías | 1 puerro
1 nabo | 1 rama de apio
1 cabeza de ajos
2 hojas de laurel
60 galets (pasta tipo tiburón
  grande)

Relleno

250 g de carne picada
  de cerdo
250 g de carne picada
  de ternera
2 huevos | 20 g de piñones
2 dientes de ajo
Perejil | Sal | Pimienta

1. Como en todos los caldos, empezamos blanqueando la gallina y el pollo troceados y los huesos de cerdo y ternera.

2. En una olla ponemos las carnes blanqueadas con las verduras limpias, peladas y enteras. Cubrimos justo con agua y llevamos a ebullición. Retiramos la grasa e impurezas de la superficie, bajamos el fuego al mínimo para que no hierva a borbotones y dejamos cocer 5 horas.

3. Pasamos el caldo por un colador bien fino y reservamos algunas carnes y verduras.

4. Ponemos a hervir la pasta en agua con sal unos 15 minutos o hasta que esté al dente, después terminará de cocerse en el caldo.

   ♨♨ **TOQUE TORRES:** vamos a rellenar la pasta.

5. Mientras, preparamos el relleno de la pasta. En un bol ponemos las dos carnes picadas con el ajo y el perejil picados, los piñones y los huevos. Salpimentamos y mezclamos bien. Reservamos la farsa en una manga pastelera.

6. Una vez cocida la pasta, la retiramos a un bol con agua y hielo para cortar la cocción. La escurrimos bien y rellenamos con la carne picada.

7. Ponemos a calentar el caldo en dos partes. En un cazo hervimos los galets rellenos unos 4 minutos para que se cocine el relleno y se termine la pasta.

8. En otro cazo calentamos el caldo con las carnes y las verduras que habíamos reservado cortadas en dados.

9. Servimos los galets en platos hondos boca abajo para no ver el relleno, ponemos las carnes y las verduras y cubrimos bien con el caldo.

ESTA SOPA ES UNA VERSIÓN DE LA ESCUDELLA,
UN TIPO DE COCIDO QUE
SE SIRVE EL DÍA DE NAVIDAD EN CATALUÑA.

SOPA BULLABESA

Raciones

4 personas

Tiempo de preparación

45 minutos

Ingredientes

1 kg y medio de pescado variado de morralla
1 kg de cabracho
500 g de mejillones
1 cebolla
1 puerro
Piel de media naranja
½ hinojo
2 patatas
1 cabeza de ajos
2 ñoras
2 tomates
1 yema de huevo
4 rebanadas de pan tostado
Azafrán
Aceite de oliva
Sal
Pimienta

1. Limpiamos y quitamos las vísceras de los pescados de morralla. Fileteamos el cabracho y guardamos la espina y la cabeza. También podemos pedir que nos lo preparen así en la pescadería.

2. Ponemos la ñora a hidratar en un bol con agua.

3. En una olla calentamos aceite y metemos la cabeza de ajos partida por la mitad para que aromatice. Cuando esté dorada, añadimos la cebolla, el puerro y el hinojo cortados en dados. Agregamos la piel de naranja y rehogamos bien.

4. Incorporamos el tomate cortado en dados, damos un par de vueltas y a continuación el pescado, las espinas y la cabeza del cabracho. Cubrimos justo con agua y dejamos hervir a fuego muy suave durante 20 minutos.

5. Colamos bien, recuperamos la cabeza de ajos que vamos a utilizar más adelante y volvemos a poner el caldo al fuego.

6. Añadimos las patatas chascadas y unas hebras de azafrán. Dejamos cocer hasta que las patatas estén tiernas, unos 12 minutos.

   TOQUE TORRES: nuestra bullabesa lleva mejillones.

7. Cuando las patatas estén casi a punto, incorporamos el filete de cabracho cortado en dados y los mejillones limpios. Dejamos que los mejillones se abran y retiramos del fuego.

8. Vamos a preparar una rouille. En el vaso de la batidora ponemos dos o tres trozos de patata del guiso, la pulpa de los ajos que hemos recuperado, la carne de la ñora, la yema de huevo y aceite de oliva. Trituramos bien hasta que la salsa ligue.

9. Extendemos esta salsa sobre unas rebanadas de pan tostado que servimos junto a la sopa.

LA BULLABESA ES UN PLATO TRADICIONAL DE LA PROVENZA Y LA CIUDAD DE MARSELLA. NACIÓ COMO PLATO HUMILDE DE PESCADORES QUE APROVECHABAN LOS PESCADOS DE MORRALLA PARA HACER SOPA.

CALAMARES RELLENOS EN SU TINTA

Raciones

2 personas

Tiempo de preparación

45 minutos

Ingredientes

6 calamares
200 g de carne picada de cerdo
200 g de carne picada de ternera
2 rebanadas de pan
100 ml de leche
2 cebollas
4 dientes de ajo
½ pimiento verde
½ pimiento rojo
150 g de tomate frito
50 ml de vino blanco
2 cucharadas de tinta de calamar
Arroz
Sal
Aceite de oliva
Cebollino picado

1. Limpiamos los calamares quitando la pluma y las vísceras. Reservamos los cuerpos y picamos en dados las aletas y los tentáculos.
2. Remojamos las rebanadas de pan en la leche.
3. En un bol mezclamos las carnes picadas con las aletas y los tentáculos del calamar, dos dientes de ajo picados, la miga de pan escurrida, sal y pimienta. Deben quedar todos los ingredientes bien integrados.
4. Rellenamos los cuerpos del calamar con la farsa hasta un poco más de la mitad. Después cerramos con un palillo.
5. En una cazuela rehogamos la cebolla, los ajos y los pimientos bien picados. Cuando la verdura esté sofrita, añadimos el tomate frito y removemos durante medio minuto. Entonces incorporamos la tinta de calamar y medio litro de agua.
6. Al cabo de unos 5 minutos, trituramos bien esta salsa con la batidora y volvemos a poner al fuego. Añadimos los calamares a la cazuela y dejamos cocer unos 35 minutos o hasta que pinchando con una puntilla no ofrezcan resistencia.
   👨‍🍳👨‍🍳 **TOQUE TORRES:** vamos a hacer una guarnición muy sorprendente: pan crujiente de arroz.
7. Hervimos el arroz en agua y sal hasta que esté muy pasado, que prácticamente se deshaga.
8. Trituramos muy bien este arroz con el líquido y lo estiramos en una bandeja de modo que quede una capa fina; dejamos secar.
9. Cortamos en cuadrados la masa de arroz y los freímos en abundante aceite muy caliente. Se van a hinchar como si fueran cortezas.
10. Acompañamos los calamares en salsa con el pan crujiente de arroz.

LA TINTA DE CALAMAR TIENE COMPONENTES ANTIBACTERIANOS, ANTITUMORALES Y ANTIDEPRESIVOS.

MANITAS DE CERDO RELLENAS

Raciones

2 personas

Tiempo de preparación

5 horas y media

Ingredientes

3 manitas de cerdo
200 g de mollejas de ternera
80 g de jamón ibérico
150 g redaño
2 zanahorias
1 cebolla
1 puerro
¼ de celerí
1 l de caldo de ternera
60 ml de vino blanco
   de oporto
60 ml de vino de madeira
250 g de patatas pequeñas
200 g de cebollitas
Mantequilla
150 g de harina
90 ml de agua
Tomillo
Aceite de oliva
Sal
Pimenta

1. Para el caldo de ternera, tomamos como referencia el caldo de ave [véase la receta de la p. 24] pero utilizando huesos y costilla de ternera en lugar de gallina y pollo.

2. En una cazuela amplia rehogamos el puerro, la zanahoria y el celerí cortados en mirepoix. Cuando las verduras estén algo sofritas, desglasamos con los vinos y dejamos que evapore el alcohol. Ponemos las manitas blanqueadas a la cazuela junto con el tomillo y cubrimos con el caldo de ternera. Cocemos en el horno a 130 °C durante 4 horas.

3. Una vez cocidas las manitas, dejamos reposar unos 30 minutos para que se templen y las deshuesamos. Dejamos una capa exterior entera y reservamos la gelatina y los cartílagos interiores, así como el caldo de cocción.

4. Pochamos la cebolla picada en mantequilla hasta que esté bien transparente.

5. Cortamos la gelatina y los cartílagos de las manitas, las mollejas de ternera blanqueadas y sin la tela exterior y el jamón en dados. Salpimentamos y mezclamos todo con la cebolla pochada.

6. Ponemos unas cucharadas de esta farsa encima de cada capa de manitas y envolvemos dando forma de bola. Cubrimos cada una con papel film y reservamos en la nevera hasta que haya compactado por acción de la gelatina.

7. Sacamos las bolas de manitas del film y las envolvemos en redaño. Las ponemos en una cocotte con un poco del caldo de cocción y unas cucharadas de vino de madeira. Las horneamos sin tapar a 160 °C durante unos 25 minutos para dorarlas. Las vamos bañando con el caldo frecuentemente.

8. Salteamos las patatas y las cebollitas en una sartén con mantequilla.

9. Añadimos las patatas y las cebollitas a la cocotte de las manitas. Tapamos y sellamos toda la junta con una masa hecha con harina y agua [véase la receta de la p. 52]. Volvemos a hornear, esta vez a 230 °C durante 5 minutos.

CALLOS TORRES

Raciones

2 personas

Tiempo de preparación

40 minutos de preparación,
3 horas de reposo

Ingredientes

½ pie de ternera cocido
200 g de callos cocidos
200 g de cabeza de ternera
   cocida
500 ml de caldo de ave
   (véase la receta)
50 g de panceta
40 g de chorizo picante
40 g de jamón
1 cebolla
1 pimiento rojo
2 tomates
2 dientes de ajo
30 g de avellanas tostadas
1 cucharada de pimentón
   picante
Aceite de oliva
Limón
Sal
Pimienta

1. En una cazuela con aceite caliente rehogamos la cebolla cortada en dados y el ajo laminado junto con una hoja de laurel.
2. Cuando la cebolla se haya ablandado un poco, añadimos la panceta, el chorizo y el jamón cortados en dados.
3. Incorporamos el pimentón picante, damos un par de vueltas y cortamos la cocción con los tomates triturados. Dejamos que reduzca el sofrito hasta que esté bien concentrado.
4. Con el sofrito a punto, añadimos los callos, el pie y la cabeza de ternera cortados en dados. Cubrimos con caldo de ave y dejamos cocer 30 minutos a fuego suave.
5. En un mortero picamos las avellanas tostadas y las añadimos a los callos. Dejamos 2 minutos más y retiramos del fuego.
   TOQUE TORRES: vamos a presentar estos callos de una forma sorprendente.
6. Ponemos este guiso en un molde rectangular y dejamos enfriar en la nevera hasta que solidifique por la acción de la gelatina.
7. Cortamos lonchas muy finas de estos callos, las disponemos en un plato como si fuera un carpaccio. Metemos el plato al horno a temperatura alta durante un minuto para que se entibie.
8. Servimos con unos brotes y aliñado con unas gotas de limón y aceite de oliva en crudo.

LOS CALLOS Y LA CABEZA DE TERNERA SE SUELEN VENDER
YA COCIDOS EN EL MERCADO.

LA CASQUERÍA TIENE LAS MISMAS PROPIEDADES
QUE LA CARNE, PERO ES MÁS ALTA EN COLESTEROL;
MEJOR CONSUMIRLA DE FORMA OCASIONAL.

PARA COCER EL PIE DE TERNERA, LO BLANQUEAMOS
Y LO HERVIMOS, PARTIENDO DE AGUA FRÍA, CON LAUREL
Y AJOS DURANTE 3 HORAS.

PATO CON PERAS

Raciones

2 personas

Tiempo de preparación

1 hora y media

Ingredientes

1 canetón o pato pequeño
3 peras ercolinas
100 g de okra
1 rama de apio
20 g de panceta
1 cáscara de naranja
Pimienta en grano
2 cucharadas de vinagre
   de Jerez
500 g de harina
200 ml de agua
Tomillo
Romero
Hierbaluisa
Sal
Pimienta
Vinagre blanco

Caldo

Las carcasas del pato
1 cabeza de ajo
1 cebolla
1 puerro
Pimienta en grano

1. Separamos los muslos y las pechugas del pato y reservamos las carcasas. También podemos pedir al carnicero que nos lo despiece.
2. Aprovechamos la carcasa para hacer un caldo. La ponemos en una olla con el ajo, la cebolla, el puerro y la pimienta y cubrimos con agua. Lo dejamos hervir a fuego suave durante 1 hora.
3. Salpimentamos el pato y cortamos las peras por la mitad.
4. En una cazuela apta para horno ponemos el pato junto con las peras, la okra, el apio cortado en rodajas, la piel de naranja, las hierbas aromáticas y un poco de vinagre. Añadimos un poco de caldo de pato sin llegar a cubrir.

   🍴🍴 **TOQUE TORRES:** vamos a sellar la cazuela de una forma muy especial.
5. Mezclamos y amasamos la harina con el agua, un poco de sal y las hierbas picadas. Cuando la masa esté suave y sedosa, la estiramos hasta obtener una tira del diámetro de la cazuela.
6. Tapamos la cazuela con una tapa que pueda ir al horno y sellamos toda la junta con la masa de pan, presionando para que se quede bien pegada.
7. Ponemos la cazuela al horno a 180 °C durante 90 minutos.
8. Para emplatar, presentamos la cazuela tal como sale del horno, rompemos la masa de pan y ya podemos servir.

ESTA RECETA ES UNA VERSIÓN DEL PATO BARREADO,
UN PLATO TÍPICO BRASILEÑO
QUE SE COCINA EN CAZUELA DE BARRO.

LA OKRA, TAMBIÉN CONOCIDA COMO QUIMOMBÓ,
ES UNA VERDURA DE ORIGEN AFRICANO. TIENE UN SABOR QUE
RECUERDA AL PIMIENTO Y UN ALTO CONTENIDO EN FIBRA.

EL PAN CON EL QUE HEMOS SELLADO LA CAZUELA NO SE TIRA,
ES PERFECTO PARA MOJAR EN LA SALSA.

BABÁ AL RON

Raciones

4 personas

Tiempo de preparación

60'

1 hora

Ingredientes

Masa

130 g de harina
50 g de mantequilla
10 g de miel
3 huevos
6 g de levadura fresca
Aceite vegetal
Sal
100 g de puré de
   albaricoque

Almíbar

1 l de agua
400 g de azúcar
70 ml de ron añejo
1 vaina de vainilla
Ralladura de limón
Ralladura de naranja

Nata

250 ml de nata
60 g de azúcar glas

1. Para la masa de los babá empezamos amasando la harina con la levadura, vamos añadiendo la miel, la mantequilla y un huevo. Una vez están todos los ingredientes bien integrados, incorporamos los demás huevos uno a uno y una pizca de sal al final. En total, amasamos unos 15 minutos.

2. Reservamos la masa en un recipiente con aceite vegetal y bien tapado durante unos 20 minutos.

3. Abrimos la vaina de vainilla a lo largo y raspamos las semillas, que reservamos para el final.

4. Preparamos el almíbar hirviendo el agua con el azúcar, las ralladuras de limón y naranja, la vaina de vainilla sin las semillas y el ron. Una vez haya hervido, dejamos reposar hasta que esté templado.

5. Para la cobertura de albaricoque, mezclamos el puré de albaricoque con un poco de almíbar caliente y dejamos enfriar.

6. Recuperamos la masa de los babá. La distribuimos en moldes con forma de tapón bien engrasados con aceite y horneamos a 180 °C unos 25 minutos o hasta que estén dorados.

7. Desmoldamos con cuidado y sumergimos los babá en el almíbar templado. Una vez se hayan hinchado, los sacamos y escurrimos encima de una rejilla. Después los pincelamos con la pulpa de albaricoque y reservamos.

8. Montamos la nata con las semillas de vainilla y el azúcar.

9. Servimos los babá cortados por la mitad a lo largo, rociados con un poco más de ron y con la nata aparte para servirse al gusto.

LO CREÓ EL COCINERO DEL REY POLACO ESTANISLAO I
COMO POSTRE FÁCIL DE COMER
YA QUE PADECÍA DE GRANDES DOLORES EN LA BOCA.

TARTA TATIN

Raciones

4 personas

Tiempo de preparación

30 minutos de preparación,
2 horas de reposo

Ingredientes

8 manzanas golden
500 g de azúcar
80 g de azúcar moreno
1 lámina de masa
  de hojaldre
1 vaina de vainilla seca

1. Empezamos preparando un caramelo. Para ello ponemos el azúcar en una sartén caliente. Cuando empiece a fundirse movemos lentamente de abajo arriba y de atrás hacia delante. Nunca en círculos o el caramelo podría endurecer.

2. Cuando está bien dorado, retiramos y extendemos sobre una bandeja con una lámina de silicona o papel de horno y dejamos que endurezca en un sitio muy seco.
   TOQUE TORRES: vamos a preparar un polvo de caramelo y vainilla.

3. Una vez endurecido, lo trituramos en un robot con la vaina de vainilla seca hasta conseguir un polvo de caramelo.

4. Cortamos un círculo de hojaldre del mismo tamaño del molde que vamos a utilizar. Lo ponemos sobre un papel de horno, pinchamos bien con un tenedor y esparcimos el azúcar moreno por encima.

5. Pelamos y cortamos las manzanas en cuartos, retiramos el corazón y las vamos reservando en un bol con agua fría y unas gotas de limón. Colocamos las manzanas en una bandeja para horno con un poco de polvo de caramelo por encima.

6. Horneamos el hojaldre y las manzanas por separado durante 15 minutos a 180 °C.

7. Espolvoreamos bien un molde circular con el polvo de caramelo. Disponemos las manzanas aún calientes en forma de abanico, procurando dejar pocos espacios vacíos. Añadimos un poco más de caramelo en polvo por encima y tapamos con el hojaldre cocido. Apretamos bien y dejamos enfriar en la nevera.

8. Desmoldamos con cuidado sobre un plato procurando que nos quede de una pieza. Esta tarta también se conoce como «tarta invertida» porque no tiene su forma definitiva hasta que se le da la vuelta.

ESTA TRADICIONAL RECETA FRANCESA FUE CREADA
POR LAS HERMANAS TATIN, PROPIETARIAS DE UN HOTEL
EN LAMOTTE-BEUVRON, A FINALES DEL SIGLO XIX.

TORRIJA TORRES CON CREMA DE VAINILLA

Raciones

2 personas

Tiempo de preparación

135'

15 minutos para la torrija,
2 horas para la crema

Ingredientes

2 rebanadas gruesas de pan
  de molde
500 ml de leche
1 cáscara de limón
1 rama de canela
3 cucharadas de miel
Frutos rojos para la
  guarnición

Crema de vainilla

300 ml de nata
6 yemas de huevo
2 cucharadas de miel
1 vaina de vainilla
2 hojas de gelatina

Para la crema de vainilla:

1. Ponemos las hojas de gelatina a remojo en agua bien fría.
2. Calentamos la nata con las semillas de vainilla. Para sacarlas, abrimos la vaina a lo largo y raspamos con el contrafilo del cuchillo.
3. Batimos las yemas de huevo con la miel.
4. Añadimos la nata hirviendo a las yemas sin dejar de batir. Cuando esté bien mezclado, y antes de que se enfríe, incorporamos las hojas de gelatina bien escurridas. Mezclamos muy bien y llevamos a la nevera hasta que cuaje.

Para la torrija:

5. Empezamos calentando la leche con la canela en rama, la piel de limón y la miel. En cuanto hierva, retiramos a otro recipiente para que se enfríe.
6. Cortamos y damos forma rectangular a dos rebanadas gruesas de pan de molde. También nos valdría un buen brioche.
7. Bañamos el pan en la leche dejando que la absorba pero sin que se deshaga.
   🍴🍴 **TOQUE TORRES:** vamos a caramelizar con miel.
8. En una sartén muy caliente ponemos un poco de miel y el pan mojado en leche. Vamos pintando con la miel y dejamos que se dore y caramelice bien por los cuatro costados.
9. Sacamos la crema de vainilla de la nevera y montamos con unas varillas hasta que coja volumen. Podemos añadir un poco de crema de leche para ayudar a que monte mejor.
10. Emplatamos con una base de crema de vainilla y la torrija caliente encima. Decoramos con algunos frutos rojos.

LAS TORRIJAS APARECEN MENCIONADAS EN UN LIBRO
DEL SIGLO XV COMO ALIMENTO PARA LA RECUPERACIÓN
DE LAS MADRES TRAS DAR A LUZ.

CREMA QUEMADA AL ROMERO

Raciones

2 personas

Tiempo de preparación

35 minutos de preparación,
2 horas de reposo

Ingredientes

5 yemas de huevo
500 ml de nata
80 g de azúcar
2 ramas de romero
Azúcar de panela para
  espolvorear

TOQUE TORRES: preparamos una crema dulce con sabor a romero.

1. Calentamos la nata con las ramas de romero. Cuando hierva, apartamos del fuego y dejamos que infusione.
2. Batimos bien las yemas de huevo con el azúcar.
3. Añadimos la nata caliente a las yemas sin parar de batir para que no se cuajen ni se formen grumos.
4. Repartimos la crema en cazuelas de barro y ponemos a cocer al baño maría en el horno a 140 °C durante 30 minutos.
5. Una vez cuajadas, las dejamos enfriar bien en la nevera.
6. Antes de servir, espolvoreamos la superficie con azúcar de panela y quemamos con un soplete o con una pala especial para ello. Podemos decorar con flores de romero o con unas hojas de romero picadas.

LA DIFERENCIA ENTRE LA CREMA QUEMADA Y LA CREMA CATALANA O LAS NATILLAS ES QUE SE CUECE EN EL HORNO Y CUAJA SÓLO POR LA YEMA DE HUEVO.

EL AZÚCAR DE PANELA ES JUGO DE CAÑA DE AZÚCAR SOLIDIFICADO SIN REFINAR.

EL ROMERO SE HA USADO TRADICIONALMENTE PARA TRATAR RESFRIADOS, DOLORES DE CABEZA E INCLUSO DEPRESIÓN.

ARROZ CON LECHE

Raciones

4 personas

Tiempo de preparación

40 minutos de preparación,
2 horas de reposo

Ingredientes

100 g de arroz
500 ml de agua
500 ml de leche entera
500 ml de nata
200 g de azúcar
125 g de mantequilla
50 ml de licor de anís
40 g de chocolate blanco
1 rama de canela
Piel de limón

1. Ponemos el arroz cubierto de agua fría al fuego y dejamos que hierva hasta que haya absorbido casi todo el líquido.
2. Calentamos la leche y la nata junto con la rama de canela y un poco de piel de limón hasta que arranque el hervor.
3. Añadimos la nata y la leche coladas a la cazuela del arroz poco a poco mientras seguimos removiendo. Dejamos unos minutos al fuego sin dejar de remover.
4. Cuando esté en su punto, con el grano cocido y bien cremoso, añadimos el azúcar y mezclamos bien.

   TOQUE TORRES: con dos ingredientes poco habituales.
5. Fuera del fuego, incorporamos la mantequilla y el chocolate blanco troceado y mezclamos para que se fundan. Estos dos ingredientes contribuyen a que el arroz con leche sea aún más cremoso.
6. Finalmente, añadimos un poco de anís para dar aroma y enfriamos en la nevera un mínimo de 2 horas.
7. Servimos el arroz con leche espolvoreado con canela en polvo.

EL ARROZ CON LECHE ES UN POSTRE UNIVERSAL QUE LLEGÓ A ESPAÑA A TRAVÉS DE LA CULTURA ÁRABE.

EL CALCIO DE LA LECHE DIFICULTA QUE EL ARROZ SUELTE SU ALMIDÓN, POR ESO, SI LO HERVIMOS PRIMERO EN AGUA, QUEDA MÁS SUAVE Y CREMOSO.

EL ARROZ CON LECHE TAMBIÉN SE PUEDE PREPARAR CON LECHE SIN LACTOSA, DE SOJA O DE ARROZ.

POLVORONES DE ALGARROBA

Raciones

6 personas

Tiempo de preparación

60'

1 hora

Ingredientes

300 g de harina de trigo tostada

100 g de harina de trigo cruda

100 g de harina de algarroba

170 g de manteca de cerdo

150 g de mantequilla

180 g de azúcar glas

Ralladura de lima

1 cucharada de anís

½ cucharada de canela molida

1. Como paso previo, tostamos la harina de trigo. La ponemos bien repartida en una bandeja y la horneamos a 180 °C. Vamos removiendo cada pocos minutos hasta que cambie el tono a dorado, entonces retiramos y dejamos enfriar.

2. Mezclamos en un bol todas las harinas con el azúcar, la canela, la ralladura de lima y el anís.
   ¡¡¡ **TOQUE TORRES:** aligeramos los polvorones cambiando parte de la manteca por mantequilla.

3. Añadimos la manteca y la mantequilla a temperatura ambiente y amasamos hasta que estén todos los ingredientes bien incorporados.

4. Estiramos la masa con ayuda de un rodillo hasta que tenga 1 centímetro de grosor. Utilizando un cortapastas vamos sacando los polvorones.

5. Ponemos los polvorones en una bandeja para horno sobre papel sulfurizado. Los espolvoreamos con un poco más de azúcar glas y horneamos durante 14 minutos a 150 °C.

6. Una vez fríos, los emplatamos con un poco más de azúcar por encima.

LA ALGARROBA TAMBIÉN SE PUEDE UTILIZAR COMO SUSTITUTO DEL CHOCOLATE, ES MUY DULCE Y ENERGÉTICA.

LA ALGARROBA ES BAJA EN GRASAS Y RICA EN AZÚCARES Y VITAMINA B.

LOS POLVORONES MÁS POPULARES SON LOS DE ESTEPA (SEVILLA) QUE TIENEN INDICACIÓN GEOGRÁFICA PROTEGIDA.

MENOS ES MÁS

Sacamos el mayor provecho de los ingredientes con poco tiempo y mínima manipulación. Elaboraciones sencillas con resultados de alta cocina.

SOPA DE PAN TOSTADO Y ALBÓNDIGAS

Raciones

4 personas

Tiempo de preparación

30 minutos

Ingredientes

1 l de caldo de ave
  (véase la receta)
150 g de carne picada
  de cerdo
150 g de carne picada
  de ternera
1 huevo
2 dientes de ajo
2 cucharadas de pan rallado
100 g de pan
30 g de avellanas
6 hebras de azafrán
Perejil picado
Harina para rebozar
Aceite de oliva
Sal
Pimienta

1. Preparamos las albóndigas mezclando las dos carnes picadas con el huevo, un diente de ajo picado, el pan rallado, sal y pimienta.

2. Formamos pequeñas bolitas, de bocado, las enharinamos y freímos ligeramente en una sartén con aceite de oliva. Reservamos sobre un papel absorbente.

3. Cortamos en rebanadas muy finas una barra de pan y ponemos al horno a 180 °C hasta que esté tostado y crujiente.

4. Calentamos el caldo de ave y añadimos el pan ya tostado. Rompemos bien con un batidor para que el pan se deshaga un poco en la sopa.

5. Añadimos las albóndigas fritas y dejamos cocer a fuego medio unos 15 minutos.
   ♨♨ **TOQUE TORRES:** terminamos la sopa con un majado de frutos secos.

6. Preparamos un majado con las avellanas, el azafrán y medio diente de ajo. Lo diluimos con un poco del caldo y lo incorporamos a la sopa. En este momento rectificamos de sal.

7. Servimos con perejil picado por encima.

ESTA SOPA ES TÍPICA DE LA CATALUÑA CENTRAL.

NOS PERMITE APROVECHAR RESTOS DE PAN DURO.

TAMBIÉN PODRÍAMOS AÑADIRLE UN SOFRITO DE CEBOLLA Y TOMATE O UNAS SETAS SALTEADAS.

CROQUETAS DE RABO DE TERNERA

Raciones

4 a 6 personas

Tiempo de preparación

30 minutos de preparación, 12 horas de reposo

Ingredientes

300 g de carne de rabo
   de toro guisado
1 cebolla
500 ml de leche
500 ml de caldo del guiso
100 g de mantequilla
100 g de harina
Aceite de oliva
Sal
Pimienta

Rebozado

100 g de harina
2 huevos
200 g de pan rallado

1. Fundimos la mantequilla en un cazo y rehogamos la cebolla picada muy fina.
2. Añadimos la harina y vamos dando vueltas durante un par de minutos para que se cocine pero sin que coja color.
3. Incorporamos la leche y el caldo calientes. Mezclamos bien con unas varillas para evitar que se formen grumos, añadimos la carne desmenuzada, salpimentamos y dejamos cocinar a fuego suave durante 20 minutos.
4. Vertemos la bechamel a una fuente y tapamos con film bien pegado a la masa. Dejamos enfriar y ponemos en la nevera para que se compacte. Lo ideal es dejarla de un día para otro.
   ✕ **TRUCO TORRES** para que no se rompan al freír.
5. Formamos las croquetas con ayuda de las manos. Pasamos primero por huevo batido, después por harina, otra vez por huevo batido y terminamos con una capa de pan rallado.
6. Freímos las croquetas en abundante aceite caliente. En cuanto estén doradas las escurrimos encima de papel absorbente y estarán listas para comer.

PODEMOS PREPARAR ESTAS CROQUETAS CON CUALQUIER GUISO DE CARNE QUE NOS HAYA SOBRADO.

LAS CROQUETAS SON LA TAPA MÁS CONSUMIDA EN ESPAÑA, POR DELANTE DE LAS PATATAS BRAVAS.

SI NO TENEMOS CALDO DEL GUISO, PODEMOS UTILIZAR CALDO DE AVE O DE COCIDO.

EMPANADILLAS COCIDAS DE GAMBAS

Raciones

2 personas

Tiempo de preparación

20 minutos

Ingredientes

1 paquete de masa para
   empanadillas
500 g de gambas pequeñas
300 g de champiñones
1 cebolla
1 diente de ajo
½ pimiento rojo
1 tomate
60 ml de nata
20 ml de vino manzanilla
Aceite de oliva
Sal
Pimienta

1. Empezamos pelando las gambas. Sacamos la cola entera, le quitamos el intestino y la picamos en rodajas. Reservamos las cabezas y las cáscaras para la salsa.
2. En una sartén con aceite rehogamos la cebolla y el ajo picados.
3. Cuando la cebolla esté transparente, añadimos los champiñones picados y sofreímos un poco. Incorporamos las gambas, salpimentamos y cocemos durante un par de minutos.
4. Acabamos la farsa con la nata líquida, removemos bien para que ligue y la reservamos para que se enfríe.
5. Empezamos con la salsa salteando la cebolla y el pimiento picados en una sartén.
6. Añadimos las cabezas de las gambas y seguimos rehogando a fuego fuerte para que se doren y dejen toda su esencia. Desglasamos con el vino manzanilla y reducimos durante un minuto.
7. Colamos la salsa presionando bien a través de un colador para extraer toda la esencia de la gamba. Reservamos.
8. Sacamos la masa de empanadilla, ponemos una cucharada de farsa encima y formamos las empanadillas al modo tradicional: en forma de media luna, mojando los bordes con agua y cerrando con ayuda de un tenedor.
   👨‍🍳 **TOQUE TORRES:** las empanadillas también se pueden hervir.
9. Hervimos las empanadillas durante un minuto en agua con sal. Retiramos y servimos acompañadas de la salsa.

LA GAMBA ROJA SE PESCA EN TODO EL LITORAL
ENTRE ALMERÍA Y LA COSTA BRAVA.

LAS CABEZAS DE LAS GAMBAS CONCENTRAN
TODO EL SABOR, POR ESO SON PERFECTAS PARA PREPARAR
SALSAS Y CREMAS DE MARISCO.

PARA PREPARAR UNA MASA DE EMPANADILLA CASERA, SE
MEZCLA HARINA CON AGUA Y MANTECA O MANTEQUILLA.

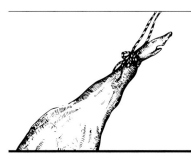

CANELÓN DE JAMÓN

Raciones

2 personas

Tiempo de preparación

10 minutos de preparación,
1 día de reposo

Ingredientes

6 lonchas de jamón ibérico
150 g de tacos de jamón
  ibérico
90 g de mantequilla
90 g de harina
500 ml de caldo de jamón
  (véase la receta)
500 ml de nata

1. Empezamos preparando una bechamel espesa que va a servirnos como relleno. Fundimos la mantequilla en un cazo y añadimos la harina. Removemos y dejamos cocer 2 minutos.

2. Incorporamos la nata y el caldo de jamón sin parar de remover para que espese y no queden grumos. Dejamos que se cocine a fuego suave unos minutos.

3. Añadimos los dados de jamón, mezclamos bien y retiramos del fuego.

4. Extendemos la bechamel en una fuente, tapamos con film y, una vez fría, la guardamos en la nevera hasta que esté compacta. Lo ideal es dejarla una noche entera.

5. Disponemos las lonchas de jamón encima de papel film formando un cuadrado.

6. Ponemos unas cucharadas de la bechamel de jamón encima de las lonchas y envolvemos con ayuda del film hasta tener la forma de canelón. Cortamos las puntas para que quede más estético.

7. Metemos los canelones al horno precalentado a 200 °C durante un minuto para que coja un poco de temperatura.

HAY DOS TIPOS DE JAMÓN IBÉRICO:
EL DE CEBO PROVIENE DE CERDOS ALIMENTADOS
CON PIENSO Y HIERBA;
EL DE BELLOTA, DE CERDOS ALIMENTADOS
EXCLUSIVAMENTE CON BELLOTAS DE LA DEHESA.

PARA CORTAR JAMÓN SIEMPRE TENEMOS QUE EMPEZAR
CON LA PEZUÑA HACIA ARRIBA.

LA RAZA IBÉRICA PROVIENE DEL CRUCE ENTRE
EL CERDO BLANCO Y EL JABALÍ.

CREMA DE CALABAZA CON CHOCOLATE BLANCO

Raciones

2 personas

Tiempo de preparación

30 minutos

Ingredientes

500 g de calabaza violín
½ cebolla
60 g de chocolate blanco
Setas (trompetas
  y rebozuelos)
Pipas de calabaza
Piñones
Aceite de oliva
Vinagre
Sal
Pimienta

1. Pelamos con cuidado la calabaza y la cortamos en trozos medianos. Cortamos también la cebolla en juliana.
2. En una olla con un poco de aceite rehogamos la cebolla. Incorporamos la calabaza y salpimentamos.
3. Añadimos agua justo hasta cubrir y dejamos cocer 25 minutos o hasta que la calabaza esté bien tierna.
   TOQUE TORRES: sustituimos la nata o la mantequilla habitual por chocolate blanco.
4. Trituramos la calabaza con parte del agua de cocción y el chocolate blanco. Rectificamos de sal y pimienta y terminamos con un toque de vinagre.
5. Limpiamos bien las setas y las salteamos en una sartén con un poco de aceite durante unos minutos. Pueden ser trompetas y rebozuelos o las que encontremos de temporada.
6. Servimos la crema de calabaza con las setas salteadas y decoramos con pipas de calabaza y piñones.

LA CALABAZA TIENE POCAS CALORÍAS Y MUCHA FIBRA
POR LO QUE ES SACIANTE Y DIURÉTICA.

LAS SEMILLAS DE CALABAZA SON BENEFICIOSAS
PARA EL RIÑÓN, EL PÁNCREAS Y EL INTESTINO.

PODEMOS APROVECHAR LAS SEMILLAS DE
CALABAZA PARA HACER PIPAS: LAS HORNEAMOS
CON UN POCO DE SAL Y ACEITE A 170 °C
HASTA QUE ESTÉN SECAS.

TRINXAT

Raciones

2 personas

Tiempo de preparación

40 minutos

Ingredientes

½ col rizada
½ col valenciana o repollo
500 g de patata
100 g de morcilla
100 g de panceta
Aceite de oliva
Sal
Pimienta

1. Cortamos las patatas en dados y las ponemos a cocer en agua con sal. Cuando falten unos minutos para terminar la cocción, añadimos la col rizada cortada en juliana.

2. Escurrimos la patata y la col y las machacamos con un tenedor o un pasapurés manual. Debe quedar un puré de textura gruesa.

3. Cortamos la panceta y la morcilla en dados, excepto unas láminas finas que utilizaremos al final.

4. En una sartén doramos bien los dados de panceta y morcilla. Cuando hayan soltado su grasa, añadimos la mezcla de patata y col y doramos bien.

   🎩🎩 **TOQUE TORRES:** vamos a emplatar el *trinxat* de forma original.

5. Escaldamos algunas hojas tiernas del repollo. Retiramos a un bol con agua y hielo para cortar la cocción y las secamos bien.

6. Ponemos un buen par de cucharadas de *trinxat* encima de cada hoja de col. Hacemos un hatillo y cubrimos cada uno con una lámina fina de panceta.

7. Horneamos unos minutos hasta que la grasa de la panceta se empiece a fundir.

EL *TRINXAT* ES UN PLATO DE INVIERNO TÍPICO
DEL PIRINEO CATALÁN. SU NOMBRE SIGNIFICA «MACHACADO»
POR LA PRESENTACIÓN DE LA COL Y LA PATATA.

LA COL ES RICA EN HIERRO Y VITAMINA C, QUE AYUDA
A QUE EL CUERPO LO ABSORBA.

EXISTEN MUCHOS TIPOS DIFERENTES DE COL, PERO ESTE PLATO
SE PREPARA TRADICIONALMENTE CON UNA COL RIZADA DE
INVIERNO PROPIA DEL PIRINEO.

ARROZ POÉTICO

Raciones

2 personas

Tiempo de preparación

20'

20 minutos

Ingredientes

160 g de arroz calasparra
1 cebolla
1 l de caldo de ave
   (véase la receta)
2 ramas de romero
Aceite de oliva
Sal

1. En una paellera con aceite caliente rehogamos la cebolla bien picada.
   TOQUE TORRES: este arroz sólo lleva caldo y romero.
2. Añadimos un par de ramas de romero a la paellera y el arroz que nacaramos bien durante unos segundos.
3. Mojamos con el caldo de ave, rectificamos de sal y dejamos que se cocine sin mover demasiado el arroz. En 15 minutos, aproximadamente, estará listo.

RECOMENDAMOS HACER ESTE ARROZ DIRECTAMENTE
SOBRE FUEGO, A LA MANERA TRADICIONAL.
EN ESTE CASO PODEMOS UTILIZAR SARMIENTO,
BROTES DE VID PROVENIENTES DE LA PODA, Y QUEMAR TAMBIÉN
ROMERO SECO PARA DAR MÁS AROMA AL ARROZ.

EN ESPAÑA HAY TRES DENOMINACIONES DE ORIGEN DEL ARROZ:
DELTA DEL EBRO, VALENCIA Y CALASPARRA.

EN ESTE PLATO ES MUY IMPORTANTE UTILIZAR
UN BUEN CALDO DE AVE BIEN CONCENTRADO.

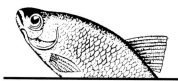

CORVINA Y PISTO A LA MIEL

Raciones

2 personas

Tiempo de preparación

30 minutos

Ingredientes

300 g de corvina
50 g de panceta
1 cebolla
1 pimiento rojo
1 pimiento verde
1 calabacín
1 berenjena
2 tomates
2 cucharadas de miel
Harina
Aceite de oliva
Sal
Pimienta

1. En una sartén caliente con un poco de aceite doramos el trozo de panceta. Cuando haya soltado la grasa, añadimos la cebolla y los pimientos cortados en dados regulares. Dejamos que se ablanden un poco.

2. Incorporamos el calabacín y los tomates cortados en concassé y salpimentamos.
   TOQUE TORRES: cocinamos el pisto con un poco de miel.

3. Añadimos un par de cucharadas de miel y dejamos a fuego medio hasta que las verduras estén cocinadas.

4. Por otro lado, cortamos y enharinamos la berenjena. La freímos en otra sartén con abundante aceite de oliva hasta que esté crujiente. Escurrimos bien sobre papel absorbente y reservamos.

5. Fileteamos la corvina sin quitarle la piel ni las escamas. La ponemos en una plancha o sartén caliente con unas gotas de aceite por la parte de la piel. Dejamos hasta que la piel esté muy dorada y le damos la vuelta para que se termine de cocinar durante un minuto.

6. Volvemos al pisto. Retiramos la panceta, la cortamos en dados pequeños y la añadimos de nuevo a la sartén junto con la berenjena.

7. Para emplatar, ponemos una base de pisto; quitamos la piel de la corvina y la colocamos encima. Terminamos con un poco de aceite de oliva en crudo.

EL PISTO ES UNA RECETA TÍPICAMENTE MANCHEGA
QUE TIENE COMO INGREDIENTES FUNDAMENTALES
EL PIMIENTO Y EL TOMATE.

PODEMOS ACOMPAÑAR EL PISTO CON BACALAO,
OTROS PESCADOS A LA PLANCHA O UN HUEVO FRITO.

LA CORVINA ES UNO DE LOS PESCADOS
MÁS UTILIZADOS PARA EL CEBICHE,
LA RECETA PERUANA DE PESCADO MARINADO.

CHIPIRONES A LA SAL

Raciones

2 personas

Tiempo de preparación

40 minutos

Ingredientes

300 g de chipirones
Alga dulse
Alga lechuga de mar
500 g de sal marina

Salsa

3 cabezas de ajos
10 g de perejil
Aceite de oliva

1. Limpiamos los chipirones, les quitamos los tentáculos y las aletas y los ponemos dentro del cuerpo como relleno.
   ✕ **TRUCO TORRES:** vamos a cocinar al vapor de sal.
2. Mezclamos la sal gorda con un puñado de las algas (la cantidad depende de la intensidad que queramos) y la ponemos en una cazuela al fuego para que vaya calentando.
3. Cuando la sal esté bien caliente, ponemos encima unas algas más y los chipirones. Tapamos la cazuela y dejamos cocinar unos 4 minutos.

Para la salsa:
4. Asamos las cabezas de ajos envueltas en papel de aluminio al horno a 180 °C hasta que estén bien tiernas; van a tardar unos 25 minutos.
5. Escaldamos el perejil unos segundos y lo pasamos a un bol con agua y hielo para fijar el verde de la clorofila.
6. Sacamos la pulpa de los ajos y trituramos junto con el aceite de oliva y el perejil ligeramente escurrido hasta tener una salsa muy fina y ligada.
7. Servimos los chipirones acompañados de la salsa y algunas algas.

EL ALGA DULSE ES MUY RICA EN VITAMINA C.

LOS MEJORES CALAMARES SON LOS DE POTERA,
QUE SE PESCAN CON ANZUELO.

LOS AJOS ASADOS TIENEN UN SABOR
MÁS SUAVE Y NO REPITEN.

TERRINA DE SALMÓN

Raciones

4 personas

Tiempo de preparación
40'

40 minutos

Ingredientes

1 kg de salmón
400 ml de nata
3 huevos
1 patata
2 puerros
1 cebolla
1 zanahoria
¼ de hinojo
2 hojas de laurel
Alcaparras
Alcaparrones
Cebollas encurtidas
Aceite de oliva
Sal
Pimienta en grano

1. Previamente a la preparación de la terrina, pochamos un puerro cortado en juliana con aceite de oliva hasta que esté bien tierno.
2. Sacamos los filetes del salmón y quitamos piel y espinas.
3. Con las espinas y las pieles del salmón preparamos un caldo. Las ponemos en una olla con las verduras cortadas, el laurel y unos granos de pimienta y cubrimos con agua. Dejamos cocer 25 minutos a fuego muy suave.
4. Colamos el caldo y lo reducimos lentamente al fuego a fin de concentrar la gelatina del pescado.
5. En el vaso de la batidora ponemos 200 g de carne de salmón, la nata, los huevos, sal y pimienta y trituramos bien.
6. Añadimos 400 g de carne de salmón desmigada o cortada en daditos y mezclamos. Lo vertemos en una terrina untada con aceite y cocemos al horno a 180 °C durante 20 minutos.
7. Pelamos y sacamos bolas de patata. Las salteamos ligeramente con aceite y glaseamos con unas cucharadas del caldo reducido.
8. Ligamos el caldo reducido de salmón batiendo con aceite hasta tener la textura de una mayonesa ligera.
9. Desmoldamos la terrina, cortamos una porción y emplatamos con los encurtidos, las bolas de patata y la salsa por encima.

EL SALMÓN ES UN PESCADO AZUL RICO EN OMEGA-3 QUE AYUDA A REGULAR EL COLESTEROL Y QUE RARA VEZ CONTIENE MERCURIO.

ES RECOMENDABLE CONSUMIR PESCADO AZUL COMO MÍNIMO UNA VEZ A LA SEMANA.

PARA ENCURTIR VERDURAS EN CASA, LAS PONEMOS LIMPIAS EN UN BOTE Y LAS CUBRIMOS CON UNA MEZCLA DE 3 PARTES DE AGUA POR 1 DE VINAGRE Y 1 CUCHARADA DE AZÚCAR. DEJAMOS QUE REPOSEN TAPADAS DURANTE UNA SEMANA Y YA ESTÁN LISTAS.

TORTA FINA DE TOMATE, RAPE Y TOMILLO

Raciones

2 personas

Tiempo de preparación

10 minutos

Ingredientes

1 lámina de masa
  de hojaldre
3 tomates de colgar
2 colas pequeñas de rape
1 huevo
1 rama de romero
1 rama de tomillo
Aceite de ajo y romero

1. Cortamos dos discos de masa de hojaldre de tamaño individual. Los ponemos sobre papel de horno en una bandeja, los pinchamos bien con un tenedor y pincelamos con huevo batido.
2. Horneamos el hojaldre durante 5 minutos a 180 °C.
   ✖ **TRUCO TORRES:** si cocinamos la cola de rape sin quitar la espina queda más jugosa.
3. Marcamos las colas de rape enteras y sin piel en una sartén con un poco de aceite de oliva hasta que estén cocidas por fuera pero un poco rosadas en el interior.
4. Quitamos el hojaldre del horno. Cortamos el tomate en rodajas finas y las disponemos encima del hojaldre. Salpimentamos, rociamos con un poco de aceite y horneamos 4 minutos más.
5. Fileteamos la cola de rape, retirando la espina central. Ponemos el rape encima de la tarta fina, espolvoreamos con romero y tomillo picados y aliñamos con aceite de ajo y romero.

EL ACEITE AROMÁTICO PODEMOS HACERLO EN CASA.
PONEMOS UNOS DIENTES DE AJO Y UNA RAMA DE ROMERO
EN UN FRASCO CON ACEITE DE OLIVA VIRGEN EXTRA
Y LO DEJAMOS UNOS DÍAS EN UN SITIO FRESCO Y SECO.

✖

ESTA TORTA TAMBIÉN SE PODRÍA PREPARAR CON MASA BRISA,
QUEBRADA, FILO O DE PIZZA.

✖

EL TOMATE DE COLGAR SE RECOLECTA
A FINALES DE VERANO
Y SE CONSERVA SIN REFRIGERAR HASTA ABRIL.

PICANTÓN A LA SAL DE ESPECIAS

Raciones

2 personas

Tiempo de preparación

50 minutos

Ingredientes

2 picantones
3 kg de sal gruesa
50 g de pimentón dulce
30 g de sal de apio
30 g de coriandro
30 g de comino
Tomillo
3 claras de huevo

Guarnición
Dos mazorcas de maíz
Sal
Pimienta

1. Limpiamos bien los picantones y si tienen alguna pluma la quemamos con un soplete o al fuego. Ponemos una rama de tomillo dentro de cada uno y atamos las patas con hilo de bridar para que no pierdan la forma.

   🍴🍴 **TOQUE TORRES:** vamos a aromatizar con nuestra particular mezcla de especias.

2. Mezclamos la sal gorda con un vaso de agua y las especias: pimentón, comino picado, semillas de coriandro y sal de apio.

3. Rompemos un poco las claras con un batidor sin que lleguen a montar y las añadimos a la mezcla de sal.

4. Cubrimos la base de una bandeja para horno con parte de la sal de especias. Encima ponemos los picantones y los tapamos bien con el resto de la sal. Horneamos durante 45 minutos a 180 °C.

Vamos con la guarnición:

5. Hervimos las mazorcas enteras con las hojas en abundante agua con sal durante 15 minutos.

6. Para terminar, quitamos algunas de las hojas de las mazorcas y las marcamos a la brasa durante 10 minutos para que se doren.

7. Sacamos los picantones del horno y quitamos la capa de sal, que estará dura. Limpiamos bien los picantones de granos de sal y servimos con la guarnición de las mazorcas.

EL PICANTÓN ES UN POLLO DE MEDIO KILO
DE PESO Y UN MES DE VIDA.

LA SAL DE APIO, COMPUESTA DE SAL Y SEMILLAS DE APIO,
TIENE UN SABOR ANISADO INTENSO.

EL CORIANDRO ES LA SEMILLA DEL CILANTRO
Y APORTA UN AROMA CÍTRICO Y FRESCO
DIFERENTE AL SABOR DE LAS HOJAS.

CODORNICES ESCABECHADAS

Raciones

2 personas

Tiempo de preparación

1 hora de preparación,
1 día de reposo

Ingredientes

4 codornices
1 puerro
1 cebolla
2 zanahorias
3 dientes de ajo
2 cucharadas de vinagre
30 ml de vino rancio
1 rama de romero
1 rama de tomillo
2 hojas de laurel
30 ml de aceite de oliva
Pimienta negra en grano
Sal

1. Deshuesamos las codornices, separamos las pechugas y los muslos.

2. Doramos las carcasas en una olla, añadimos cebolla picada y, cuando esté rehogada, cubrimos con agua y dejamos hervir unos 25 minutos.

3. Salpimentamos los muslos de codorniz y los doramos en una olla con los ajos en camisa, las hierbas y unos granos de pimienta.

4. Añadimos el vino rancio a la cazuela y dejamos evaporar unos segundos. Incorporamos también un cucharón de caldo de las carcasas y el aceite de oliva. Dejamos confitar lentamente durante 25 minutos.

5. Cortamos las zanahorias y el puerro en juliana.

6. Pasados los 25 minutos, añadimos las pechugas al escabeche y a continuación las verduras en juliana.
   TOQUE TORRES: ponemos el vinagre al final.

7. Apartamos del fuego e incorporamos el vinagre de buena calidad. Tapamos y dejamos reposar hasta que esté tibio.

8. El escabeche gana sabor si lo dejamos reposar mínimo un día en la nevera.

EL ESCABECHE TIENE SU ORIGEN EN PERSIA
E INCLUSO APARECE EN EL LIBRO *LAS MIL Y UNA NOCHES.*

EL ESCABECHE ES UN TIPO DE CONSERVA GRACIAS
A LA ACCIÓN DEL ACEITE Y EL VINAGRE. LOS ROMANOS YA
LO PREPARABAN CON OTRO CONSERVANTE, LA MIEL.

LAS CODORNICES SON UNA DE LAS AVES MÁS CONSUMIDAS,
SU CARNE ES BAJA EN GRASA.

EMBUTIDO DE CHOCOLATE

Raciones

4 personas

Tiempo de preparación

45 minutos

Ingredientes

200 g de chocolate negro
80 g de nata
30 g de avellanas
20 g de piñones
60 g de azúcar glas
1 pan de brioche

1. Para preparar la ganache, ponemos la nata a calentar hasta que hierva. Entonces retiramos del fuego y añadimos el chocolate troceado sin dejar de remover para que se funda y se integre con la nata.

2. Picamos groseramente las avellanas y los piñones y los añadimos al chocolate.

3. Ponemos la mezcla encima de papel film y enrollamos dando la forma de embutido. Cerramos bien con el film y lo metemos en un bol con agua y hielo para que enfríe rápidamente.

4. Una vez frío, lo reservamos en la nevera durante una media hora. 〰〰 **TOQUE TORRES:** vamos a darle apariencia de embutido.

5. Para emplatar, lo sacamos de la nevera, quitamos el film y espolvoreamos con azúcar glas para simular la piel del embutido. Servimos con algunas rebanadas de brioche para acompañar.

AUNQUE TENGA LA APARIENCIA DE UN SALCHICHÓN,
SE TRATA DE UN TURRÓN
DE CHOCOLATE CON FRUTOS SECOS.

✖

LA GANACHE ES UNA MEZCLA DE CHOCOLATE Y NATA
QUE SIRVE DE BASE PARA MUCHOS POSTRES,
COMO LAS TRUFAS.

✖

PODEMOS UTILIZAR OTROS FRUTOS SECOS PICADOS
O INCLUSO ARROZ INFLADO, COMO
EN EL TURRÓN CRUJIENTE DE CHOCOLATE.

HELADO DE TURRÓN

Raciones

2 personas

Tiempo de preparación

20'

20 minutos de preparación, 3 horas de reposo

Ingredientes

100 g de turrón blando
200 ml de nata
40 g de azúcar glas
200 g de chocolate blanco
Aceite de girasol
Sal

Salsa de cacao

100 g de cacao en polvo
100 ml de agua
80 g de azúcar
40 g de nata
40 g de mantequilla
Amaretto (licor de almendras)

1. Batimos la nata con el azúcar glas y un poco de sal hasta que esté semimontada, es decir, hasta que haya cogido volumen pero sin estar del todo firme.
2. Desmenuzamos bien el turrón y lo mezclamos con la nata.
3. Ponemos la mezcla en moldes de silicona con forma de semiesfera y lo metemos en el congelador hasta que esté firme.

Vamos con la salsa de cacao:

4. Calentamos el agua con el azúcar y cuando esté disuelto, añadimos el cacao en polvo.
5. Con todo bien mezclado, y sin dejar de remover, añadimos unas gotas de amaretto, la nata y finalmente la mantequilla.
6. Una vez esté la mantequilla fundida y bien incorporada, colamos la salsa y reservamos en la nevera para que se enfríe.

Preparación final:

✗ **TRUCO TORRES:** vamos a conseguir una cobertura más brillante y sedosa.

7. Fundimos el chocolate blanco en un cazo al baño maría. Cuando ya esté casi a punto, añadimos un poco de aceite de girasol para que le dé brillo y removemos bien.
8. Sacamos los helados de turrón del congelador, los desmoldamos y ponemos encima de una rejilla. Cubrimos con el chocolate blanco y dejamos que se solidifique con el frío del helado.
9. Servimos los bombones de helado de turrón con pan de oro comestible encima y decoramos el plato con unos dibujos con la salsa de cacao.

UNA PEQUEÑA PIZCA DE SAL POTENCIA EL SABOR DE CUALQUIER POSTRE O PREPARACIÓN DULCE.

LA MEZCLA DE NATA Y TURRÓN SIN CONGELAR ES UNA FANTÁSTICA MOUSSE DE TURRÓN.

PODEMOS CUBRIR EL HELADO CON CHOCOLATE NEGRO O CON LECHE. OTRA POSIBILIDAD ES COMBINAR DIFERENTES CHOCOLATES Y CREAR FORMAS Y DIBUJOS.

COCA APALEADA

Raciones

2 personas

Tiempo de preparación

20 minutos

Ingredientes

2 cocas de pan o chapatas
400 g de azúcar
200 ml de agua
60 ml de anís
100 g de chocolate negro

1. Hervimos el anís para que evapore el alcohol.
2. Calentamos el agua y añadimos 200 g de azúcar. Removemos bien, mezclamos con el anís y reservamos.
3. Ponemos las cocas o el pan de chapata encima de la brasa y vamos rociando con el azúcar y con el almíbar de anís. Debemos caramelizar todas las caras, dándoles la vuelta y pintando con el almíbar y el azúcar.
4. Retirar y poner una de las cocas bien caliente sobre papel de horno. Esparcimos el chocolate por encima y tapamos con la otra coca también caliente.
5. Protegemos con el sobrante de papel de horno y golpeamos fuerte toda la coca para que el chocolate se funda en el pan.
6. Cortamos en porciones y servimos.

EL ALCOHOL DEL ANÍS SE EVAPORA CON EL CALOR
Y EL FUEGO DE LA BRASA.

PODEMOS «APALEAR» LA COCA CON UNA MAZA
O DIRECTAMENTE CON LOS PUÑOS.

ESTA COCA ES UN PAN TÍPICO
DE CATALUÑA Y LA COMUNIDAD VALENCIANA;
ES ALARGADO Y DE CORTEZA BLANDA.

PIÑA SALTEADA CON RON

Raciones

4 personas

Tiempo de preparación

25'

25 minutos

Ingredientes

1 piña
100 g de azúcar moreno
40 ml de ron miel
10 ml de agua
1 vaina de vainilla
Helado de piña para
   acompañar

1. Pelamos y cortamos la piña en 8 trozos grandes y regulares, quitando el tronco central, que es más duro. Reservamos también las hojas más tiernas de la piña para el emplatado.
2. Pulimos cada trozo redondeándolo para darles forma de minipiñas.
3. En una sartén fundimos la mantequilla con la vaina de vainilla y el azúcar.
4. Al cabo de unos 3 minutos añadimos el ron, incorporamos las piñas y flambeamos para quemar el alcohol.
5. Vamos bañando las piñas con el caramelo resultante sin apartar del fuego.
6. Una vez esté la fruta bien lacada y el caramelo muy reducido, retiramos del fuego.

   TOQUE TORRES: creamos minipiñas.
7. Para emplatar, ponemos las minipiñas con algunas hojas que hemos reservado antes clavadas en la parte superior. Volvemos a salsear y acompañamos con una bola de helado de piña.

EL RON MIEL ES UNA VARIEDAD PRODUCIDA EN LAS CANARIAS
CON AGUARDIENTE DE CAÑA, MELAZA Y MIEL.

TAMBIÉN PODEMOS ACOMPAÑAR ESTAS MINIPIÑAS
CON HELADO DE VAINILLA, YOGUR O UN SORBETE CÍTRICO.

LA VAINA DE VAINILLA NO LA TIRAMOS,
AÚN NOS PUEDE SERVIR
PARA AROMATIZAR ALGÚN POSTRE O INFUSIÓN.

PLÁTANO A LA BRASA CON TORRIJA

Raciones

2 personas

Tiempo de preparación

20'

20 minutos

Ingredientes

4 plátanos pequeños
1 plátano macho
2 vainas de vainilla
½ barra de pan
100 ml de leche de coco
100 g de azúcar moreno
60 ml de licor de coco
Aceite de girasol

1. Atamos media vaina de vainilla a un hilo con una aguja. Atravesamos el plátano con la aguja de modo que entre la vaina dentro de la fruta, después cortamos el hilo. Repetimos esta operación con todos los plátanos.

   TOQUE TORRES: vamos a cocinar los plátanos a la brasa.

2. Hacemos unos cortes superficiales en la piel de los plátanos y los asamos a la brasa hasta que estén tiernos, unos 10 minutos.

3. Cortamos una sección de la barra de pan y la partimos por la mitad a lo largo. Remojamos el pan con la leche de coco.

4. En una sartén fundimos el azúcar moreno con el licor de coco para hacer un caramelo. Incorporamos el pan remojado a la sartén y lo dejamos hasta que esté tostado y caramelizado por las dos caras.

5. Cortamos unas rodajas finas de plátano macho, con la piel incluida, y freímos en abundante aceite de girasol.

6. Emplatamos la torrija con los plátanos pelados y enteros encima y decoramos con las chips de plátano macho.

EL PLÁTANO ES IDEAL PARA LA DIETA DE NIÑOS,
MUJERES EMBARAZADAS,
DEPORTISTAS Y PERSONAS MAYORES.

EL PLÁTANO DE CANARIAS ES MÁS PEQUEÑO
QUE LAS BANANAS, MÁS DULCE Y SE DIFERENCIA
POR LAS MOTAS NEGRAS DE LA PIEL.

LA VAINILLA ES EL FRUTO DE UNA ORQUÍDEA
ORIGINARIA DE MÉXICO.

COPA DE PLÁTANO, NATA Y CHOCOLATE

Raciones

2 personas

Tiempo de preparación

15 minutos

Ingredientes

2 plátanos
2 yogures naturales
50 ml de leche
30 g de azúcar moreno
½ lima

Nata
200 ml de nata
40 g de azúcar

Ganache
100 g de chocolate negro
100 ml de nata

1. Preparamos la ganache calentando la nata, después añadimos el chocolate y removemos hasta que se funda y se integren los dos ingredientes. Reservamos para que enfríe un poco y ponemos en una manga pastelera.
2. Montamos la nata con el azúcar hasta que esté bien firme y la ponemos también en una manga pastelera.
3. Pelamos y cortamos el plátano en grandes trozos, reservando algunas rodajas finas para el emplatado.
4. En un vaso de la batidora trituramos el plátano con el zumo de media lima, el yogur y el azúcar moreno. Como en los otros casos, reservamos la crema de plátano en una manga.
5. En una copa alternamos capas de crema de plátano con nata y ganache de chocolate hasta llenarla. Para terminar, colocamos encima las rodajas de plátano que habíamos reservado.

EL ZUMO DE LIMA O LIMÓN EVITA QUE EL PLÁTANO
SE OXIDE Y ENNEGREZCA.

ESTA RECETA ES PERFECTA PARA APROVECHAR
LOS PLÁTANOS QUE HAN MADURADO.
TAMBIÉN SE PODRÍA PREPARAR CON OTRAS FRUTAS.

PODEMOS SUSTITUIR EL YOGUR POR NATA
O UN QUESO CREMOSO TIPO MASCARPONE.

PRODUCTOS PARA TOCAR EL CIELO

Compramos en el mercado, respetamos las temporadas y seleccionamos lo mejor de cada territorio. Así conseguimos los productos que, tratados con el máximo respeto y conocimiento, nos ofrecen los mejores platos.

CAZUELA DE SETAS Y PIE DE TERNERA

Raciones

2 personas

Tiempo de preparación

195'

3 horas el pie de ternera,
15 minutos el guiso

Ingredientes

400 g de setas variadas
½ pie de ternera
20 g de pistachos
20 g de piñones
2 chalotas
20 ml de vino blanco
150 ml de caldo de cocido
   (véase la receta)
1 cabeza de ajos y 1 hoja
   de laurel para cocer el pie
Aceite de oliva
Sal
Cebollino

Tres horas antes:

1. Cocemos el pie de ternera blanqueado en una olla con abundante agua, sal, la cabeza de ajos y el laurel a fuego suave hasta que esté tierno.

Para la cazuela:

2. Limpiamos bien las setas cortando la parte inferior del pie donde se acumula la tierra. Las más pequeñas las pasamos por agua para eliminar la tierra. Los níscalos, boletus y oronjas los limpiamos con un papel o trapo humedecido.

3. Cortamos las setas más grandes en cuartos.

4. En una cazuela rehogamos la chalota bien picada.

5. Antes de que la chalota coja color, añadimos las setas limpias y el vino blanco. Salpimentamos y dejamos que reduzca un poco. Cubrimos con el caldo y mantenemos a fuego medio.

6. Deshuesamos y cortamos en dados el pie de ternera y lo incorporamos a la cazuela. Tapamos y dejamos al fuego unos 4 minutos hasta que el caldo haya ligado un poco.

   TOQUE TORRES: terminamos la cazuela con dos frutos secos complementarios.

7. En el último momento añadimos los piñones y los pistachos ligeramente picados, mezclamos bien y servimos con cebollino picado para decorar.

PODEMOS PREPARAR ESTA CAZUELA CON MANITAS DE CERDO EN LUGAR DE PIE DE TERNERA.

ENCONTRAMOS LA MAYOR VARIEDAD DE SETAS FRESCAS ENTRE SEPTIEMBRE Y NOVIEMBRE. LAS MÁS POPULARES SON LOS NÍSCALOS, ORONJAS, BOLETUS, TROMPETAS DE LA MUERTE, REBOZUELOS, LLANEGAS…

PARA UN MEJOR RESULTADO PODEMOS DEJAR LOS FRUTOS SECOS EN LECHE DURANTE UNAS HORAS.

HAMBURGUESA DE SEPIA CON KÉTCHUP CASERO

Raciones

2 personas

Tiempo de preparación

15 minutos la hamburguesa,
15 minutos el kétchup

Ingredientes

500 g de sepia
1 rebanada de pan
100 ml de leche
1 diente de ajo
1 trozo de jengibre
2 panecillos para
    hamburguesa
1 tomate
hojas de lechuga
3 patatas viejas
Aceite de oliva
Sal
Pimienta

Kétchup

300 g de tomate triturado
40 g de azúcar
20 g de vinagre balsámico
Unas gotas de salsa picante
1 cucharada de salsa
    worcestershire
Sal

Empezamos por el kétchup:

1. Fundimos el azúcar en una sartén hasta obtener un caramelo dorado. Añadimos el tomate triturado, mezclamos bien y dejamos cocer unos 15 minutos hasta que evapore el agua y quede brillante y concentrado.
2. Añadimos el vinagre balsámico, la salsa worcestershire y unas gotas de salsa picante, al gusto. Mezclamos bien y dejamos enfriar.

Para la hamburguesa:

3. Cortamos la sepia y la trituramos con un robot o vaso picador.
4. Ponemos a remojar la rebanada de pan en la leche.
5. Mezclamos la sepia triturada con el diente de ajo picado, perejil al gusto, la miga de pan bien escurrida y el jengibre rallado. Salpimentamos y formamos las hamburguesas compactándolas bien con las manos.
6. Pelamos y cortamos las patatas con la mandolina en forma de tiras muy finas, conocidas como «patatas paja».
7. Marcamos la hamburguesa a la plancha con unas gotas de aceite de oliva unos 2 o 3 minutos por cada lado.
8. Freímos las patatas en abundante aceite caliente hasta que estén doradas y crujientes. Escurrimos y reservamos sobre papel absorbente para quitar el exceso de aceite.
9. Tostamos ligeramente los panecillos cortados por la mitad en la sartén donde hemos cocinado la hamburguesa. Ponemos encima unas hojas de lechuga aliñadas con sal y aceite, rodajas de tomate y la hamburguesa.
10. Acompañamos con las patatas paja ligeramente saladas y el kétchup en un bol aparte.

LA SEPIA ES UN ALIMENTO RICO EN YODO, BENEFICIOSO PARA EL METABOLISMO. REGULA EL NIVEL DE ENERGÍA Y EL CORRECTO FUNCIONAMIENTO DE LAS CÉLULAS.

ALUBIAS CON CALAMAR Y PIPARRA

Raciones

2 personas

Tiempo de preparación

10 minutos

Ingredientes

300 g de alubias
3 calamares
1 cebolla
4 piparras
1 diente de ajo
Aceite de oliva
Jugo de las piparras
   o vinagre de Jerez
Sal
Pimienta

1. Para cocer las alubias, las ponemos en agua fría al fuego con una cabeza de ajos y una hoja de laurel; en cuanto rompe a hervir, bajamos al mínimo para que no hierva a borbotones y las tenemos unas 2 horas o hasta que estén cocidas.

   ✕ **TRUCO TORRES** para cocinar el calamar en pocos minutos.

2. Cortamos los calamares en tiras muy finas, como tallarines.

3. En una sartén con aceite salteamos la cebolla cortada en juliana y añadimos enseguida el calamar. Salteamos a fuego fuerte.

4. Incorporamos las alubias cocidas y escurridas. Continuamos salteando para que los ingredientes se integren. En el último momento añadimos las piparras en rodajas y terminamos con un poco del jugo de las piparras o, en su defecto, vinagre de Jerez.

LAS PIPARRAS SON UN TIPO DE GUINDILLA VASCA
QUE SE CONSUME FRESCA CUANDO
ESTÁ EN TEMPORADA, EN EL MES DE JULIO, Y EL RESTO
DEL AÑO ENCURTIDAS EN VINAGRE BLANCO.

EN ESTE CASO UTILIZAMOS ALUBIA BLANCA,
PERO SE PODRÍA SUSTITUIR
POR ALUBIA DE TOLOSA, TÍPICA DEL PAÍS VASCO
Y DE COLOR OSCURO.

LA MEJOR TEMPORADA DEL CHIPIRÓN
O CALAMAR EN EL PAÍS VASCO
ES EN VERANO E INICIO DEL OTOÑO.

BERENJENA FRITA CON ESPECIAS

Raciones

2 personas

Tiempo de preparación

20'

20 minutos

Ingredientes

2 berenjenas medianas
1 cucharadita de comino en polvo
1 cucharadita de coriandro
1 cucharada de salsa de soja
1 cucharada de mostaza de Dijon
Lima
Aceite de oliva
Sal
Pimienta
Aceite ahumado

1. Lavamos y cortamos las berenjenas por la mitad a lo largo. Hacemos unos cortes superficiales por la parte de la carne en forma de rejilla.

2. Las freímos en abundante aceite de oliva suave hasta que estén bien confitadas y tiernas. Tardarán en torno a unos 15 minutos.

3. En un mortero machacamos y mezclamos el coriandro con el comino. Añadimos la salsa de soja, la mostaza, un poco de zumo de lima y el aceite y ligamos bien toda la mezcla.

4. Retiramos las berenjenas y las escurrimos bien sobre papel absorbente.

5. Quitamos la piel y las recortamos para que queden de forma estética. Untamos una de las mitades con la mezcla de especias y ponemos la otra mitad encima, reconstruyendo la berenjena.
TOQUE TORRES: descubrimos el aceite ahumado.

6. Trituramos los recortes de berenjena con sal y aceite ahumado, que le da aroma a humo y a brasa.

7. Emplatamos la berenjena con el puré alrededor y decoramos con unos brotes aliñados con sal y aceite.

CUANDO LA BERENJENA LLEGÓ A EUROPA SE CREÍA
QUE PROVOCABA FIEBRE, EPILEPSIA Y LOCURA
Y ERA UTILIZADA COMO ORNAMENTO.

UN 90% DEL PESO DE LA BERENJENA
ES AGUA Y ES MUY BAJA EN CALORÍAS
SI SE COCINA SIN GRASA.

ESTA BERENJENA TAMBIÉN SE PUEDE ACOMPAÑAR
CON VERDOLAGA CUANDO ES TEMPORADA.

CARDO ROJO, CHAMPIÑONES, CASTAÑAS Y JAMÓN

Raciones

2 personas

Tiempo de preparación

15'

15 minutos

Ingredientes

400 g de cardo rojo
    de Corella
100 g de minichampiñones
10 castañas
50 g de jamón ibérico
2 chalotas
200 ml de caldo de ave
    (véase la receta)
10 ml de vino blanco
1 trufa negra
Aceite de oliva
Sal
Pimienta

1. Limpiamos el cardo seleccionando las pencas más tiernas. Les quitamos la piel exterior con los hilos y cortamos en dados. ✗ **TRUCO TORRES** para que no se oxide el cardo.

2. Ponemos los cardos limpios en agua con hielo y dos cucharadas de harina para que no ennegrezcan.

3. Rehogamos las chalotas picadas. En cuanto estén transparentes agregamos el vino blanco y dejamos evaporar.

4. Añadimos los cardos y cubrimos justo con caldo de ave. Dejamos que se cocinen 5 minutos.

5. Incorporamos el jamón, los champiñones enteros y las castañas peladas y cortadas en cuartos. Salpimentamos y dejamos unos 4 minutos más.

6. Fuera del fuego añadimos la piel de trufa muy picada. Emplatamos con láminas finas de trufa y un hilo de aceite de oliva virgen extra.

Corella, Navarra
Ágreda, Soria

EN ESPAÑA SE CULTIVA CARDO ROJO
PRINCIPALMENTE EN CORELLA Y TUDELA
(NAVARRA) Y EN ÁGREDA (SORIA).

LOS CARDOS SON DIURÉTICOS,
DEPURATIVOS Y AYUDAN A REGULAR
LOS NIVELES DE COLESTEROL.

EL CARDO SE PLANTA EN VERANO,
SE VA TAPANDO CON TIERRA EN OTOÑO
PARA QUE NO LE DÉ EL SOL Y SE RECOLECTA
ENTRE NOVIEMBRE Y DICIEMBRE.

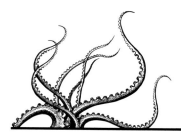

HABITAS CON PULPITOS

Raciones

2 personas

Tiempo de preparación

10 minutos

Ingredientes

300 g de habitas
100 g de pulpitos
4 ajos tiernos
2 patatas
Aceite de oliva
Sal
Pimienta

Aceite de pimentón

250 ml de aceite de oliva
   suave
25 g de pimentón de la Vera

1. Pelamos y sacamos unas bolas de patata, las ponemos a hervir con agua y sal unos 5 minutos.
2. Para el aceite de pimentón, calentamos ligeramente el aceite de oliva y añadimos el pimentón. Antes de que empiece a freír, retiramos y colamos con una estameña. Reservamos.
3. Desgranamos las habitas y cortamos los ajos tiernos en bastones de unos 3 centímetros.
4. En una sartén muy caliente con unas gotas de aceite salteamos los pulpitos. Cuando cojan algo de color, añadimos los ajos tiernos y las habitas. Continuamos salteando.
5. Escurrimos las patatas y las añadimos a la sartén. Cocemos un par de minutos más y, ya fuera del fuego, aliñamos con el aceite de pimentón.

LAS HABITAS SON LAS PRIMERAS HABAS,
MÁS PEQUEÑAS Y DELICADAS.
INCLUSO SE PUEDEN COCINAR EN SU VAINA.

LOS PULPITOS SON BAJOS EN CALORÍAS
PERO RICOS EN YODO Y ZINC.

EL ACEITE DE PIMENTÓN LO PODEMOS HACER
CON PARTE DE PIMENTÓN PICANTE.

ALCACHOFAS CON HUEVO DE CODORNIZ

Raciones

2 personas

Tiempo de preparación

15 minutos

Ingredientes

10 alcachofas
40 g de jamón
1 diente de ajo
1 cebolla
10 huevos de codorniz
1 rama de tomillo
Aceite de oliva
Sal
Pimienta

Vinagreta

Escarola
Hojas tiernas de alcachofa
Pepinillos encurtidos
Cebolla encurtida
Aceite de oliva
Lima
Sal
Pimienta

1. Limpiamos las alcachofas dejando el corazón. Vaciamos el centro para quitar la pelusa y dejar espacio al huevo. Cortamos un poco la base para que se mantengan de pie.

2. Reservamos los corazones y las hojas más tiernas del centro de la alcachofa en un bol con agua y tallos de perejil para que no ennegrezcan.

3. En una cazuela con aceite rehogamos un diente de ajo en camisa y el jamón en un trozo entero.

4. Cuando el jamón esté dorado, añadimos los corazones de alcachofa, el tomillo y la cebolla cortada en dados pequeños. Salpimentamos y añadimos un poco de agua, tapamos y dejamos que se cocinen durante unos 6 minutos.

5. Ponemos un huevo en el centro de cada alcachofa y seguimos cocinando hasta que la clara esté cuajada (con 2 minutos es suficiente).

   ✗ **TRUCO TORRES:** vamos a aprovechar las hojas más tiernas de la alcachofa.

6. Preparamos una ensalada con la escarola, las hojas tiernas de la alcachofa, cebolla encurtida y pepinillos. Aliñamos con sal, pimienta, unas gotas de lima y aceite.

7. Emplatamos con la ensalada en el centro y las alcachofas alrededor.

LA TEMPORADA DE LA ALCACHOFA
VA DESDE OCTUBRE HASTA ABRIL.

EN ESPAÑA HAY DOS DENOMINACIONES
DE ORÍGEN DE ALCACHOFA:
TUDELA (NAVARRA) Y BENICARLÓ (CASTELLÓN).
TAMBIÉN ES MUY APRECIADA
LA ALCACHOFA DEL PRAT (BARCELONA).

DISTINGUIMOS UNA BUENA ALCACHOFA CUANDO
TIENE LAS HOJAS PRIETAS Y CRUJE UN POCO
AL APRETARLA POR LA BASE.

BOGAVANTE CON VINAGRETA DE CORAL

Raciones

2 personas

Tiempo de preparación

15'

15 minutos

Ingredientes

2 bogavantes de 500 g
60 g de espinacas frescas
1 aguacate
30 ml de nata
2 dientes de ajo
1 lima
1 cucharadita de pasta de ají
1 cucharada de vinagre de
  Jerez
Perifollo
Aceite de oliva virgen extra

✕ **TRUCO TORRES** para cocer el bogavante.

1. Para cocer el bogavante, lo ponemos en vivo en agua hirviendo con sal. Al cabo de 3 minutos separamos el cuerpo, que retiramos a un bol con agua y hielo, y dejamos cocinar las pinzas durante 2 minutos más.

2. Retiramos las pinzas, que también reservamos en el bol con agua y hielo para cortar la cocción.

3. En una sartén con aceite rehogamos ligeramente el ajo picado y añadimos las espinacas, que salteamos unos segundos hasta que se ablanden.

4. Preparamos el puré de aguacate triturando el aguacate pelado con el ají, unas gotas de lima y aceite de oliva.

5. Separamos la carne del bogavante. Cortamos el cuerpo en rodajas y procuramos sacar las pinzas enteras.

6. Cortamos la cabeza por la mitad y extraemos los corales y otros jugos. En un bol mezclamos éstos con una parte de vinagre de Jerez y tres partes de aceite de oliva. Ya tenemos lista la vinagreta.

7. Montamos el plato con ayuda de un aro. En la base colocamos las espinacas, a continuación el cuerpo del bogavante fileteado, y encima las pinzas enteras. Aliñamos bien el conjunto con la vinagreta y decoramos alrededor con puntos de puré de aguacate y perifollo.

EL BOGAVANTE EUROPEO SE DISTINGUE DEL AMERICANO POR SU CONCHA DE COLOR AZUL OSCURO.

ES UN CRUSTÁCEO QUE PUEDE LLEGAR A VIVIR CINCUENTA AÑOS.

SE PUEDE ENCONTRAR EN LOS MERCADOS DURANTE TODO EL AÑO, AUNQUE ESTÁ EN SU MEJOR MOMENTO ENTRE MAYO Y AGOSTO.

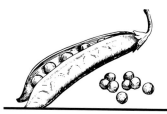

CREMA DE GUISANTES CON HUEVO POCHÉ

Raciones

4 personas

Tiempo de preparación

15'

15 minutos

Ingredientes

500 g de guisantes grandes
3 chalotas
200 ml de caldo de verduras
  (véase la receta)
20 ml de vino blanco
2 huevos
3 boletus
Aceite de oliva
Vinagre blanco
Sal
Pimienta

Aceite de boletus

30 g de boletus seco
100 ml de aceite de girasol

1. Rehogamos en una olla la chalota en juliana. Cuando esté un poco transparente, añadimos el vino blanco y dejamos que reduzca unos segundos.

2. Incorporamos los guisantes y cubrimos justo con el caldo de verduras. Dejamos cocer hasta que estén bien tiernos, unos 5 minutos.
   ✂ **TRUCO TORRES** para mantener el color intenso de la crema.

3. Trituramos los guisantes con el caldo hasta obtener una crema fina. Colamos y ponemos a enfriar rápidamente en un bol sobre otro con hielo. De esta forma el color verde de la clorofila quedará fijado.

4. Ponemos a hervir agua con un chorro de vinagre blanco para los huevos poché. Cascamos los huevos y los cocemos durante 3 minutos. Después retiramos y escurrimos sobre un papel absorbente.

5. Cortamos los boletus limpios con una mandolina para obtener láminas muy finas.

6. Calentamos ligeramente la crema de guisantes y emplatamos con el huevo encima. Tapamos con las láminas de boletus en crudo y coronamos con unos brotes de guisante y un poco del aceite de boletus.

EL ACEITE DE BOLETUS LO PODEMOS HACER
EN CASA PONIENDO A MARINAR EL BOLETUS SECO
EN ACEITE DE GIRASOL DURANTE UNOS DÍAS.

LOS PRIMEROS GUISANTES APARECEN EN INVIERNO,
AUNQUE ESTÁN EN PLENA TEMPORADA A PARTIR DE FEBRERO
CON VARIEDADES COMO EL FLORETA.

EL VINAGRE BLANCO AYUDA A QUE LA CLARA DEL HUEVO
POCHÉ ENVUELVA BIEN LA YEMA.

CREMA DE ZANAHORIA CON HINOJO Y PEZ ARAÑA

Raciones

2 personas

Tiempo de preparación

30 minutos

Ingredientes

4 zanahorias grandes
1 zanahoria morada
3 chalotas
60 g de arroz
2 peces araña
200 ml de caldo de verduras
  (véase la receta)
80 ml de leche de coco
½ bulbo de hinojo
Aceite de oliva
Sal
Pimienta

1. Rehogamos la chalota cortada en dados y la zanahoria en rodajas finas en una olla con un poco de aceite.
   ♨♨ **TOQUE TORRES:** espesamos la crema con arroz y la ligamos con leche de coco.

2. Añadimos el arroz y cubrimos con caldo de verduras. Salpimentamos y dejamos cocer hasta que la zanahoria esté bien tierna.

3. Una vez cocida, la trituramos con la leche de coco, que en este caso sustituye a la nata y además aporta sabor.

4. Cortamos láminas muy finas de hinojo y zanahoria morada con una mandolina o bien con un cuchillo muy afilado. Reservamos en agua con hielo para que se mantenga crujiente.

5. Fileteamos y quitamos las espinas del pez araña.

6. Salteamos los filetes de araña salpimentados en una sartén con unas gotas de aceite.

7. Emplatamos con el pescado en el fondo, rodeamos con las láminas de hinojo y zanahoria y repartimos la crema alrededor.

LA ZANAHORIA ES MUY RICA EN VITAMINAS
Y ANTIOXIDANTES, ES DIURÉTICA Y DIGESTIVA. ADEMÁS,
EL AROMA DE LA ZANAHORIA ESTIMULA EL APETITO.

LA ZANAHORIA MORADA ES
UNA ESPECIE RECUPERADA PROPIA DE BALEARES.
ES DULCE Y LIGERAMENTE PICANTE.

SI NO ENCONTRAMOS ARAÑA, PODEMOS UTILIZAR
OTRO TIPO DE PESCADO DE ROCA O
UN PESCADO BLANCO DE CARNE DURA COMO EL RAPE.

LANGOSTA CON SALSA DE MANTEQUILLA BLANCA

Raciones

2 personas

Tiempo de preparación

20'

20 minutos

Ingredientes

1 langosta de 1 kg
80 g de judía fina
80 g de guisantes
1 chalota
.60 g de mantequilla
20 ml de vino blanco
2 cucharadas de sofrito
(véase la receta: mejillones
con sofrito de la abuela)
Aceite de oliva
Sal

1. Escaldamos la langosta viva en agua hirviendo con sal durante 2 minutos. Retiramos y ponemos en un bol con agua y hielo para cortar la cocción.

2. Para la salsa, rehogamos la chalota con un poco de aceite de oliva.

3. Cortamos la cocción de la chalota con un poco de vino blanco y dejamos que reduzca. Retiramos del fuego.

4. Añadimos la mantequilla y emulsionamos con ayuda de una batidora. En el último momento incorporamos el sofrito y batimos bien hasta obtener una salsa fina.

5. Partimos la langosta por la mitad a lo largo, con cuidado y utilizando un buen cuchillo.

6. Marcamos la langosta por la parte de la carne en una sartén o una plancha amplia durante unos 3 minutos.

7. Preparamos la guarnición escaldando primero las judías y salteándolas después con los guisantes durante un par de minutos.

8. Emplatamos las mitades de langosta con la salsa por encima y con las judías y los guisantes alrededor.

LA LANGOSTA ESTÁ EN SU MEJOR MOMENTO ENTRE MAYO Y SEPTIEMBRE.

SU SABOR ES MÁS SUTIL Y DELICADO QUE EL DEL BOGAVANTE Y TIENE UNA TEXTURA MÁS MANTECOSA.

LA CALDERETA DE LANGOSTA ES UNO DE LOS PLATOS MÁS TÍPICOS DE MENORCA.

SALMONETE CON BORRAJAS

Raciones

2 personas

Tiempo de preparación

15'

15 minutos

Ingredientes

2 salmonetes
1 chalota
1 diente de ajo
1 manojo de borrajas

1. Limpiamos bien los salmonetes, quitamos las tripas y las escamas y reservamos el hígado.
2. En dos bolsas para vacío ponemos los salmonetes salpimentados y un poco de aceite de oliva. Envasamos al vacío.
3. Metemos las bolsas con los salmonetes en una olla con agua caliente, pero sin que llegue a hervir, durante 8 minutos. Si tenemos un termómetro para controlar la temperatura del agua, lo ideal es que esté a 70 °C.
4. Abrimos la bolsa con cuidado para recuperar todo el jugo. Reservamos los salmonetes y ligamos el jugo batiendo con aceite de oliva.

Para la guarnición:

5. Limpiamos bien las borrajas frotando con un estropajo limpio hasta quitar la pelusa exterior. Las reservamos en agua con perejil o limón para que no se oxiden.
6. En una sartén salteamos el ajo picado y las borrajas hasta que estén tiernas.
7. Servimos los salmonetes acompañados de la borraja y salseamos en su jugo.

LA BORRAJA ES UNA VERDURA DE INVIERNO CONOCIDA TAMBIÉN COMO «LA CENICIENTA DE LA HUERTA». SE CULTIVA ESPECIALMENTE EN ARAGÓN Y NAVARRA.

EL SALMONETE ES UN PESCADO PEQUEÑO, HABITUAL EN EL MEDITERRÁNEO, DE CARNE PRIETA Y SABOR INTENSO.

LA ENVASADORA DE VACÍO NOS PUEDE AYUDAR A CONSERVAR ALIMENTOS Y AHORRAR ESPACIO EN LA NEVERA Y LA DESPENSA.

JUREL AHUMADO CON VERDURAS ASADAS

Raciones

2 personas

Tiempo de preparación
75'

75 minutos

Ingredientes

2 jureles
Sal gorda
Pimienta negra en grano
Tomillo

Guarnición
2 cebollas
2 pimientos rojos
2 berenjenas
Aceite de oliva

Extra
Virutas de madera

1. En una fuente ponemos una capa de sal gorda, colocamos encima los jureles enteros y sin vísceras, y los cubrimos con el resto de la sal. Humedecemos ligeramente la sal y metemos en la nevera durante 1 hora.

2. Untamos los pimientos, las berenjenas y las cebollas con un poco de aceite y los metemos en el horno a 180 °C durante 45 minutos o hasta que todo esté bien tierno. Después sacamos del horno y tapamos la bandeja con papel de aluminio durante 15 minutos más.

3. Sacamos el jurel de la nevera. Lo limpiamos bien bajo el grifo para que no quede sal. Fileteamos y quitamos todas las espinas.
   TOQUE TORRES: vamos a hacer un ahumado casero.

4. En una bandeja honda ponemos serrín o virutas de madera. Las quemamos con un soplete o encendedor. Ponemos una rejilla encima con los filetes de jurel sobre la piel. Soplamos y tapamos enseguida.

5. Al cabo de 10 minutos sacamos el pescado, que se habrá ahumado ligeramente.

6. Pelamos las verduras y las cortamos en tiras.

7. Recuperamos el jugo de la cocción de las verduras y lo ligamos batiendo con un poco de aceite de oliva.

8. Emplatamos con las verduras asadas, el jurel encima y salseamos con la vinagreta.

EL JUREL ES UN PESCADO AZUL Y, POR TANTO, RICO EN ÁCIDOS GRASOS OMEGA-3.

TAMBIÉN PODEMOS AHUMAR UTILIZANDO EL HORNO APAGADO Y DOS BANDEJAS, UNA INFERIOR PARA EL SERRÍN Y OTRA PARA EL PESCADO.

SI TAPAMOS LAS VERDURAS ASADAS DURANTE UNOS MINUTOS AL SALIR DEL HORNO, NOS SERÁ MÁS FÁCIL RETIRAR LA PIEL.

SARGO EN PAPILLOTE

Raciones

2 personas

Tiempo de preparación

15 minutos

Ingredientes

1 sargo
¼ de col de invierno
80 g de calabaza
70 g de habitas
70 g de guisantes
40 g de tirabeques
4 ajos tiernos
200 ml de caldo de pescado
  (véase la receta)
60 ml de vino blanco
Aceite de oliva
Sal
Pimienta
Aceite de oliva

1. Limpiamos y sacamos los filetes del sargo sin quitar la piel.
2. Pelamos y cortamos la calabaza en dados pequeños. Cortamos los tirabeques y los ajos tiernos en tres trozos. Seleccionamos algunas hojas más tiernas de la col.
3. Cortamos un trozo de carta fata o papel de horno y lo colocamos sobre un bol. Disponemos las verduras limpias y cortadas, las habitas y los guisantes en el centro del papel.
4. Encima colocamos los filetes de sargo con la piel hacia arriba. Añadimos un poco de caldo de pescado y el vino blanco. Regamos con aceite de oliva y cerramos el papel como si fuera un paquete y lo atamos con un cordel.

   TOQUE TORRES: vamos a cocinar la papillote en la sartén.
5. Calentamos una sartén a fuego medio. Ponemos el paquete encima y dejamos que se cocine 3 minutos.
6. Servimos todo el paquete, que abrimos en la mesa.

EL SARGO ES UN PESCADO BLANCO
PARIENTE LEJANO DE LA DORADA Y EL BESUGO.

LA CARTA FATA ES UN TIPO DE PAPEL
TRANSPARENTE APTO PARA COCINAR QUE
RESISTE TEMPERATURAS DE HASTA 230 °C.

CON LA TÉCNICA DEL PAPILLOTE SE CONCENTRAN
TODO EL AROMA Y EL SABOR Y SE CONSERVAN
MEJOR LOS NUTRIENTES.

PULPO AL HORNO CON CERVEZA

Raciones

4 personas

Tiempo de preparación

90 minutos

Ingredientes

1 pulpo de 1 kg de peso
1 cabeza de ajos
4 patatas
500 ml de cerveza
2 ñoras
2 hojas de laurel
Aceite de oliva
Sal
Pimienta
Cebollino

1. Ponemos las ñoras a hidratar en un bol con agua.
2. Asustamos el pulpo, es decir, lo escaldamos en agua hirviendo 5 veces seguidas. Así la piel no se despegará durante la cocción.
3. En una bandeja o cazuela amplia para horno ponemos las patatas cortadas en rodajas, la cabeza de ajos partida por la mitad, las ñoras escurridas y cortadas en tiras y el laurel.
4. Ponemos el pulpo encima de esta base y regamos todo con la cerveza.
5. Horneamos a 180 °C tapado durante 1 hora. Destapamos y seguimos horneando 20 minutos más.
6. Retiramos el pulpo y cortamos las patas enteras.
7. Trituramos las patatas con las ñoras, la pulpa de los ajos, parte del líquido de cocción y aceite de oliva hasta conseguir una crema.
8. Emplatamos con una base de crema de patatas, encima las patas de pulpo y terminamos con aceite de oliva en crudo y cebollino.

ES MEJOR CONGELAR EL PULPO
ANTES DE COCINARLO, ASÍ SE ABLANDA
SU CARNE Y FACILITA LA COCCIÓN.

EN LA EDAD MEDIA SE CONSUMÍA
TANTA CERVEZA COMO PAN
POR SU GRAN PODER NUTRICIONAL.

LA ÑORA ES UN PIMIENTO SECO TÍPICO DE LEVANTE.
SE PUEDE SUSTITUIR POR PIMIENTO CHORICERO.

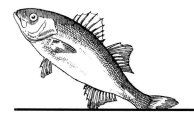

LUBINA AL HORNO COCIDA CON ESCAMAS

Raciones

2 personas

Tiempo de preparación

15 minutos

Ingredientes

300 g de lubina
400 g de grelos
300 ml de caldo de ave
(véase la receta)
2 dientes de ajo
Limón
Aceite de oliva
Sal
Pimienta

1. Fileteamos la lubina sin quitar la piel ni la escama y cortamos en porciones. La ponemos en una bandeja para horno con la piel hacia arriba, salpimentamos y untamos con aceite de oliva. Horneamos a 180 °C durante 7 minutos, hasta que la piel se despegue de la carne.

2. Ponemos el caldo de ave a reducir hasta que esté gelatinoso y concentrado. Lo ligamos batiendo con aceite y unas gotas de zumo de limón.

3. Limpiamos los grelos, pelamos los tallos dejando la parte más blanca y seleccionamos las hojas más tiernas.

4. En una sartén con aceite caliente rehogamos los dientes de ajo en camisa, añadimos los grelos limpios y salteamos durante 2 minutos.

5. Emplatamos poniendo una cama de grelos salteados, el pescado sin piel encima y napamos con el caldo reducido.

EL NOMBRE DE LUBINA VIENE DEL LATÍN
LUPA, ES DECIR, «LOBA», YA QUE SE TRATA
DE UN ANIMAL DEPREDADOR.

LA MEJOR TEMPORADA DE CAPTURA DE LA LUBINA
ES DURANTE LOS MESES FRÍOS.

LOS GRELOS, TÍPICOS DE GALICIA,
SON LOS BROTES Y HOJAS DEL NABO.
SON UN PRODUCTO DE INVIERNO.

BLANQUETA DE POLLO CON VERDURITAS

Raciones

2 personas

Tiempo de preparación

30 minutos

Ingredientes

6 alas de pollo
10 chalotas pequeñas
6 minizanahorias
3 dientes de ajo
1 hoja de laurel
1 cucharada de harina
500 ml de caldo de ave
   (véase la receta)
100 ml de nata
Aceite de oliva

1. Salpimentamos bien las alas y las doramos en una olla con un poco de aceite de oliva junto con los dientes de ajo en camisa y el laurel.

2. Cuando las alas estén bien doradas, agregamos la harina y dejamos cocer durante un minuto para que pierda el sabor a crudo pero sin que coja color.

3. Añadimos el caldo caliente mientras removemos para que no quede ningún grumo. Tapamos la olla y dejamos cocer a fuego suave durante 20 minutos.

4. Pelamos un poco las minizanahorias dejando parte de las hojas y quitamos la primera capa de las chalotas.

5. Pasados los 20 minutos, añadimos estas verduras al guiso junto con la nata. Removemos bien y dejamos que se cocine durante 7 minutos más. Estará listo para servir.

EL POLLO DE CORRAL SE SACRIFICA A LOS TRES MESES,
SE CRÍA EN EL EXTERIOR Y SE ALIMENTA BÁSICAMENTE DE MAÍZ.
SU CARNE ES MÁS FIRME Y CON MENOS GRASA.

BLANQUETA ES UN GUISO DE CARNE EN SALSA BLANCA.
LA MÁS TÍPICA ES LA DE TERNERA, AUNQUE SE PUEDE HACER
CON OTRAS CARNES, COMO DE POLLO, CONEJO O CORDERO.

DEL POLLO SE APROVECHA CASI TODO. LAS CRESTAS
BLANQUEADAS PUEDEN IR EN CUALQUIER GUISO, Y
LA CARCASA, EL CUELLO Y LAS PATAS SON IMPRESCINDIBLES
PARA UN BUEN CALDO DE AVE.

CORZO A LA BRASA CON TEMPURA DE VERDURAS

Raciones

2 personas

Tiempo de preparación

12 horas de marinado,
15 minutos de preparación

Ingredientes

800 g de lomo de corzo
600 ml de vino tinto
10 granos de pimienta rosa
1 rama de canela
Miel
60 g de mantequilla
Sal
Pimienta molida

Guarnición

4 calabacines con flor
8 minizanahorias
120 g de harina especial
   para tempura
120 ml de cerveza
10 g de tinta de calamar
Aceite suave

Para la carne:

1. La noche anterior preparamos una marinada con el vino tinto, la pimienta y la canela. En una bandeja ponemos la carne, la cubrimos con la marinada, la tapamos con film y la dejamos en la nevera.

2. Al día siguiente sacamos la carne de la marinada y la colamos.

3. Con el líquido de la marinada haremos la salsa. La ponemos al fuego con la miel hasta que reduzca a la mitad. En este punto añadimos la mantequilla y removemos con suavidad para que ligue. Reservamos la salsa hasta el momento de emplatar.

4. Salpimentamos y marcamos el corzo a la brasa.

Para la guarnición:

TOQUE TORRES: vamos a preparar una tempura especial, de color negro, con tinta de calamar.

5. En un cuenco ponemos la harina para tempura, la cerveza bien fría y la tinta de calamar. Mezclamos con unas varillas hasta que no queden grumos.

6. Sumergimos las verduras en la tempura dejando los tallos de las zanahorias y las flores de calabacín sin rebozar. Las freímos inmediatamente en abundante aceite caliente.

7. Retiramos las verduras y las dejamos escurrir sobre papel absorbente para quitar el exceso de aceite.

8. Cortamos el filete en medallones, lo servimos en el plato con un poco de salsa por encima y acompañado de las verduras en tempura.

EL CORZO ES UN MANJAR DE REYES.
LUIS XIV, EL REY SOL, LO SERVÍA HABITUALMENTE
EN SUS BANQUETES.

COULANT DE CHOCOLATE
SIN GLUTEN NI AZÚCAR APTO DIABÉTICOS

Raciones

2 personas

Tiempo de preparación 150'

2 horas el núcleo,
30 minutos el bizcocho

Ingredientes

320 g de chocolate sin azúcar
180 g de harina de arroz
120 g de harina de almendra
2 huevos enteros
14 yemas de huevo o
  280 g de yema líquida
160 g de castevia
100 g de mantequilla
4 g de levadura química
Sal

Núcleo

300 g de nata
300 g de leche
175 g de pasta de cacao puro
50 g de mantequilla
30 g de castevia

1. En primer lugar, preparamos el núcleo líquido del coulant. Calentamos la leche y la nata con la castevia y la mantequilla.
2. Vertemos la leche y la nata calientes sobre el chocolate y trituramos con ayuda de una batidora.
3. Ponemos esta masa en moldes para bombones o en una cubitera y congelamos.
4. Para el coulant, fundimos el chocolate junto con la mantequilla. Podemos hacerlo al baño maría o bien en el microondas en períodos de 20 segundos.
5. Montamos los huevos con las yemas y la castevia hasta que cojan un tono pálido y aumenten de volumen.
6. Añadimos esta mezcla al chocolate caliente en pequeñas porciones mientras vamos removiendo con una lengua de abajo arriba para que se integre.
7. Incorporamos a la mezcla las harinas, un poco de sal y la levadura química y mezclamos bien.
8. Preparamos moldes individuales forrándolos con papel de horno. Vertemos la masa de bizcocho hasta llegar a la mitad. En el centro colocamos uno de los núcleos congelados y terminamos de llenar con la masa de bizcocho.
9. Horneamos a 190 °C durante 15 minutos.
10. Una vez se hayan enfriado un poco, desmoldamos con cuidado y servimos acompañados de helado de vainilla.

LOS CEREALES QUE NO CONTIENEN GLUTEN SON: ARROZ, MAÍZ, TRIGO SARRACENO, QUINOA Y AMARANTO. TAMPOCO TIENEN GLUTEN LAS HARINAS DE FRUTOS SECOS COMO LA ALMENDRA, LA CASTAÑA O DE LEGUMBRES COMO EL GARBANZO.

LA CASTEVIA ES UN DERIVADO DE LA STEVIA QUE TIENE LA MISMA TEXTURA Y SE UTILIZA EN LA MISMA PROPORCIÓN QUE EL AZÚCAR.

LA STEVIA ES UN ARBUSTO PROPIO DE SUDAMÉRICA. EN EXTRACTO ES 200 VECES MÁS DULCE QUE EL AZÚCAR PERO NO PROVOCA EL AUMENTO DEL NIVEL DE INSULINA EN SANGRE.

ACOGER,
RECIBIR,
COMPARTIR

Cuando cocinamos para compartir nos
retroalimentamos de la felicidad de
los demás. Ésta es nuestra filosofía a
la hora de hacer grandes platos
para disfrutar en compañía.

BUÑUELOS DE BACALAO

Raciones

8 personas

Tiempo de preparación

40'

40 minutos

Ingredientes

500 g de bacalao desalado
250 g de patata agria
2 huevos
60 g de harina
3 dientes de ajo
Perejil
Aceite de oliva
Aceite suave para freír

1. Pelamos y cortamos las patatas en dados. Las ponemos a hervir en agua con sal hasta que estén bien cocidas. Tardarán unos 15 minutos.

   ✕ **TRUCO TORRES:** vamos a cocinar muy poco el bacalao.

2. Apagamos el fuego y añadimos el bacalao a la olla de las patatas. Tapamos y dejamos infusionar unos 5 minutos, tiempo suficiente para que el bacalao se cueza con el calor.

3. Escurrimos reservando unos 250 ml del agua de cocción. Con un tenedor aplastamos las patatas y el bacalao hasta obtener un puré de textura gruesa.

4. En una cazuela con el aceite de oliva doramos los ajos picados. Cuando empiecen a tostarse, añadimos el perejil bien picado y cortamos enseguida la cocción con el agua del bacalao que hemos guardado.

5. Volvemos a poner al fuego y añadimos la harina de golpe. Mezclamos bien hasta que la masa se despegue de las paredes de la cazuela y retiramos del fuego.

6. Añadimos el puré de patata y bacalao a la masa y removemos hasta que esté bien integrado.

7. Fuera del fuego, incorporamos los huevos uno a uno mezclando al mismo tiempo con unas varillas para que liguen bien.

8. Para un mejor resultado, dejamos reposar la masa un par de horas en la nevera. Luego, con una cuchara sacamos porciones de masa a las que damos forma con las manos. No es necesario que queden perfectas, con conseguir pequeñas bolas es suficiente.

9. Freímos los buñuelos en abundante aceite caliente hasta que estén dorados. Los retiramos y escurrimos encima de un plato con papel absorbente antes de servir.

PARA UNOS BUÑUELOS PERFECTOS ES IMPORTANTE UTILIZAR PATATA AGRIA, CON OTRO TIPO SE PONDRÍAN NEGROS AL FREÍR.

LENTEJAS

Raciones

6-8 personas

Tiempo de preparación

75'

75 minutos

Ingredientes

700 g de lenteja pardina
2 chorizos
1 morcilla
80 g de panceta
2 tomates
1 cebolla
1 zanahoria
½ pimiento rojo
1 rama de apio
1 cabeza de ajos
1 cucharadita de pimentón
2 hojas de laurel
Vinagre
Aceite de oliva
Sal

1. En una olla con un poco de aceite de oliva doramos la panceta. Añadimos una cabeza de ajos sin pelar, cortada a lo ancho para aromatizar el aceite.
2. Cuando la panceta y los ajos están dorados, añadimos el resto de las verduras limpias y partidas sólo por la mitad.
3. Pinchamos bien los chorizos y la morcilla y los añadimos a la olla para que se doren.
4. Retiramos la morcilla cuando esté dorada, incorporamos el pimentón y, tras un par de vueltas, el tomate triturado y colado para cortar la cocción. Hay que dejar que reduzca durante unos minutos.
5. Cuando el tomate haya perdido parte del agua, incorporamos las lentejas a la olla y cubrimos con agua fría y un poco de sal. En cuanto hierva bajamos el fuego para que se cocinen lentamente durante 45 minutos.
   TOQUE TORRES: vamos a espesar las lentejas aprovechando algunos de los ingredientes.
6. Retiramos las verduras junto con un cazón de lentejas, un poco de caldo y uno de los chorizos. Trituramos todo con la batidora hasta conseguir un puré de lentejas.
7. Añadimos este puré a las lentejas, removemos bien para que espese el caldo.
8. Rectificamos de sal si es necesario y como toque final sazonamos con comino y un poco de vinagre.
9. Emplatamos con el chorizo, la morcilla y la panceta cortados en dados.

LAS LENTEJAS NO NECESITAN REMOJO.

SON RICAS EN PROTEÍNAS Y HIERRO, ADEMÁS AYUDAN A BAJAR EL COLESTEROL Y PREVIENEN ENFERMEDADES CARDIOVASCULARES.

LAS LENTEJAS SON UNO DE LOS ALIMENTOS MÁS ANTIGUOS: LOS ARQUEÓLOGOS HAN ENCONTRADO LENTEJAS QUE DATAN DE HACE OCHO O NUEVE MIL AÑOS.

CHAWANMUSHI O SOPA DE HUEVO JAPONESA

Raciones

2 personas

Tiempo de preparación

25 minutos

Ingredientes

200 ml de caldo dashi
1 huevo
300 g de cigalas
4 gambas rojas
80 g de setas shitake
20 g de anguila ahumada
20 g de edamame
2 cucharadas de salsa
  de soja

Caldo dashi

10 g de alga kombu seca
30 g de bonito seco
  (katsuobushi)
Las cabezas de las cigalas
2 hojas de lima kaffir

1. En primer lugar, preparamos un caldo dashi. En una olla ponemos la alga kombu cortada en trozos grandes, las cabezas de las cigalas y las hojas de lima kaffir (se pueden sustituir por piel de limón). Cubrimos con agua y dejamos al fuego hasta que hierva.

2. Cuando empiece el hervor, retiramos del fuego, sacamos el alga kombu, añadimos el bonito seco y dejamos infusionar tapado unos 15 minutos.

3. Colamos el caldo dashi con un colador muy fino.

4. Mezclamos con la batidora 200 ml de caldo con un huevo.

5. En cuencos individuales repartimos unos dados de anguila ahumada, el edamame, las setas shitake en juliana y llenamos con la mezcla de huevo y caldo colado.

6. Cocemos estos flanes al baño maría durante 10 minutos o hasta que esté ligeramente cuajado.

7. En una sartén con aceite caliente salteamos las colas de cigala y de gamba. Las mezclamos con unos granos de edamame y aliñamos con la salsa de soja.

8. Ponemos las colas de cigala y gamba con el edamame encima del flan y servimos caliente.

EL DASHI ES UN CALDO BASE PARA MUCHAS
RECETAS JAPONESAS.

EL KATSUOBUSHI O COPOS DE BONITO SECO
PODEMOS ENCONTRARLO EN TIENDAS ESPECIALIZADAS
EN ALIMENTACIÓN ORIENTAL.

EL EDAMAME ES LA SOJA VERDE,
AÚN DENTRO DE SU VAINA. ES RICA EN ANTIOXIDANTES
E ISOFLAVONAS, UNOS COMPONENTES EFICACES
CONTRA EL COLESTEROL.

CREMA DE ROMESCO CON *CALÇOTS*

Raciones

2 personas

Tiempo de preparación

40 minutos

Ingredientes

15 *calçots*
6 tomates
2 cabezas de ajo
40 g de avellanas
40 g de almendras
1 ñora
150 ml de caldo de ave
 (véase la receta)
Aceite de oliva
Sal
Pimienta

1. Envolvemos los tomates y los ajos en papel de aluminio y horneamos a 180 °C durante 30 minutos o hasta que estén bien tiernos.
2. Remojamos la ñora en agua para hidratarla.
3. Asamos los *calçots*, excepto cuatro, que guardamos para la guarnición, a la brasa (si puede ser, directamente en la brasa de sarmientos).
4. Tostamos las almendras y las avellanas en una sartén con un poco de aceite de oliva.
   TOQUE TORRES: vamos a tratar el romesco como una crema.
5. En una olla rehogamos muy ligeramente la ñora entera. Añadimos los tomates asados, la pulpa de los ajos asados, las almendras y avellanas tostadas, los *calçots* a la brasa pelados y cubrimos con caldo de ave caliente.
6. Retiramos del fuego y trituramos hasta obtener una crema fina. Si es necesario, añadimos un poco más de caldo, rectificamos de sal y pimienta y pasamos la crema por un colador chino para retirar las fibras que puedan quedar.
7. Hervimos durante 4 minutos la parte blanca de cuatro *calçots*. Los retiramos a un bol con agua y hielo para cortar la cocción, pelamos y cortamos en tiras de unos 5 centímetros.
8. Emplatamos los *calçots* hervidos en el centro de un plato hondo y vertemos la crema caliente alrededor.

LOS *CALÇOTS* SON UN TIPO DE CEBOLLA TIERNA PROPIA DE TARRAGONA. SU TEMPORADA VA DE NOVIEMBRE A ABRIL.

EL ROMESCO ES UNA SALSA QUE NACIÓ COMO PLATO MARINERO EN EL PUERTO DE TARRAGONA.

EN CASO DE NO ENCONTRAR ÑORA PODEMOS UTILIZAR OTRO TIPO DE PIMIENTO SECO, COMO PIMIENTO CHORICERO.

ÑOQUIS CON PESTO DE PISTACHOS

Raciones

4 personas

Tiempo de preparación

90'

1 hora y media

Ingredientes

Ñoquis

500 g de patata vieja
½ huevo
80 g de harina
40 ml de nata

Pesto de pistachos

50 g de albahaca
100 g de queso parmesano
100 ml de aceite de oliva
   virgen extra
20 g de pistachos
1 diente de ajo
20 ml de agua con gas
Sal

1. El primer paso para los ñoquis es asar las patatas enteras en el horno. Las untamos con unas gotas de aceite y las envolvemos en papel de aluminio. Horneamos a 180 °C durante 50 minutos o hasta que estén bien cocidas.

2. Pelamos las patatas y pasamos por un pasapuré. Dejamos enfriar.

3. Sobre la encimera mezclamos el puré de patata con el huevo, la harina y la nata hasta tener una masa compacta. La dividimos en partes y estiramos hasta tener una tira larga que cortamos en trozos de unos 3 centímetros.

4. Cocemos los ñoquis en abundante agua con sal y retiramos en cuanto suben a la superficie, lo que significa que ya están cocidos.

Preparamos la salsa:

TOQUE TORRES: utilizamos pistachos para el pesto.

5. Pasamos el diente de ajo pelado por todo el mortero para dar un ligero aroma. En este mismo mortero machacamos un poco los pistachos.

6. En un bol sobre otro con hielo trituramos la albahaca limpia con el agua con gas. Añadimos el aceite y los pistachos y seguimos triturando. Mezclamos con parte del queso parmesano, rectificamos de sal si es necesario y ya tenemos el pesto listo.

7. En una sartén calentamos unas cucharadas de pesto, ponemos los ñoquis encima y damos un par de vueltas para que se caliente.

8. Servimos los ñoquis con el pesto y parmesano rallado por encima.

SI TRITURAMOS EL PESTO ENCIMA DE UN BOL
QUE ESTÉ EN FRÍO NOS ASEGURAMOS DE QUE MANTIENE
EL COLOR VERDE INTENSO DE LA ALBAHACA.

UN POCO DE AGUA CON GAS AYUDA A EMULSIONAR
LA MEZCLA DEL PESTO.

SI UTILIZAMOS PIÑONES EN LUGAR DE PISTACHOS TENEMOS
LA RECETA CLÁSICA DEL PESTO GENOVÉS.

LASAÑA CON RAGÚ DE JABALÍ

Raciones

6 personas

Tiempo de preparación

24 horas de marinado,
90 minutos de preparación

Ingredientes

1 kg de lomo de jabalí
400 ml de vino tinto
2 hojas de laurel
6 bayas de enebro
1 rama de romero
2 cebollas
2 zanahorias
1 rama de apio
1 chirivía
300 g de salsa
   de tomate casera
8 láminas de pasta
   para lasaña
Queso pecorino para
   gratinar
Aceite de oliva
Sal
Pimienta

1. Un día antes marinamos la carne de jabalí. La ponemos en una bandeja y la cubrimos con el vino. Añadimos el laurel, el enebro y el romero y reservamos en la nevera.

2. Al día siguiente escurrimos la carne de la marinada y la picamos en dados pequeños.

3. En una sartén con aceite caliente rehogamos la cebolla. Cuando empiece a transparentar, añadimos el apio picado muy fino y la zanahoria y la chirivía en dados del tamaño de la carne. Dejamos unos minutos que sofrían.

4. Incorporamos la carne picada de jabalí y cuando esté bien dorada, añadimos el tomate. Salpimentamos y dejamos que se cocine durante 1 hora a fuego suave.

5. Cocemos la pasta en agua con sal hasta que esté al dente. Retiramos y cortamos la cocción metiéndola en un bol con agua y hielo.

6. Para montar la lasaña, ponemos una parte de ragú en el fondo de una fuente, y encima vamos alternando capas de pasta y carne hasta terminar con ésta.

7. Espolvoreamos una buena cantidad de queso rallado por encima y gratinamos en el horno con el grill a máxima potencia hasta tener una capa crujiente.

EL RAGÚ ES UN TIPO DE ESTOFADO ITALIANO, GENERALMENTE DE CARNE PICADA CON VERDURAS.

EL RAGÚ DE JABALÍ ES UNA RECETA TÍPICA DE LA TOSCANA, EN ITALIA.

LA CARNE DE JABALÍ TIENE SÓLO UN 9% DE GRASA Y ES BAJA EN COLESTEROL.

PASTA (TORRINIS) A LA CARBONARA CON SABAYÓN

Raciones

2 personas

Tiempo de preparación

15 minutos

Ingredientes

200 g de pasta fresca
2 chalotas
100 ml de yema de huevo
60 g de panceta curada
10 ml de coñac
50 g de queso manchego
Mantequilla
Aceite de oliva
Sal
Pimienta

1. Para esta receta podemos utilizar pasta fresca comprada o casera. Para prepararla en casa, amasamos 200 g de harina de trigo con 6 yemas de huevo. Una vez tengamos una masa suave y sedosa, hacemos una bola y dejamos reposar un mínimo de 30 minutos en la nevera.

2. Cogemos pellizcos de masa del tamaño de una bola pequeña y los estiramos entre las dos palmas de la mano. Reservamos la pasta sobre un trapo enharinado.

3. Para el sabayón, ponemos en un bol al baño maría las yemas de huevo con un poco de coñac, sal y pimienta. Montamos hasta que estén cremosas y blanquecinas. Sabremos que están a punto cuando se queden pegadas a las varillas formando una película.

4. En una sartén rehogamos la chalota picada con la panceta cortada en dados pequeños.

5. Cocemos la pasta en abundante agua con sal durante 2 minutos y escurrimos.

6. Añadimos la pasta a la sartén con la chalota y la panceta. Salteamos ligeramente y retiramos del fuego.
   👨‍🍳 **TOQUE TORRES:** gratinamos con un sabayón salado.

7. Emplatamos la pasta, añadimos unos dados de queso por encima y cubrimos con el sabayón. Lo doramos con ayuda de un soplete o en el horno con el gratinador a máxima potencia.

LA SALSA CARBONARA TRADICIONAL NO LLEVA NATA, SÓLO PANCETA, QUESO Y HUEVO.

EXISTEN DISTINTAS VERSIONES SOBRE EL ORIGEN DEL NOMBRE «CARBONARA»: UNA, QUE ERA UN PLATO MUY CONSUMIDO POR CARBONEROS; OTRA, QUE SE DEBE AL COLOR DE LA PIMIENTA NEGRA QUE LLEVA LA RECETA TRADICIONAL.

EL SABAYÓN (*ZABAGLIONE* O *ZABAIONE* EN ITALIANO) ES UNA CREMA DE YEMA DE HUEVO MONTADA QUE GENERALMENTE LLEVA AZÚCAR PORQUE SE UTILIZA EN LOS POSTRES.

ALBÓNDIGAS DE JUREL

Raciones

2 personas

Tiempo de preparación

30 minutos

Ingredientes

6 jureles
4 rebanadas de pan
   de molde
250 ml de leche
1 huevo
Harina
2 chalotas
3 dientes de ajo
50 ml de vino blanco
750 ml de caldo de ave
   (véase la receta)
200 g de llanegas (setas)
Lima
Perejil
Tomillo
Aceite de oliva
Sal
Pimienta

1. Abrimos los jureles, limpios de escamas y vísceras, y sacamos la carne de los filetes raspando con una cuchara. Después, la picamos un poco con el cuchillo.
2. Remojamos el pan con la leche.
3. En un bol ponemos la carne de jurel salpimentada con un diente de ajo y perejil picados, el pan escurrido y el huevo. Mezclamos bien hasta tener una masa homogénea.
4. Con las manos formamos albóndigas que pasamos por harina y las doramos en una cazuela con aceite caliente.
5. Añadimos la chalota y los otros dientes de ajo picados a la cazuela junto con las albóndigas. Rehogamos hasta que la chalota esté casi transparente.
6. Desglasamos con el vino blanco, que dejamos evaporar unos segundos. A continuación, incorporamos el caldo de ave y dejamos cocer unos 5 minutos.

   TOQUE TORRES: caldo de ave y setas para unas albóndigas de pescado.
7. Añadimos al guiso las llanegas limpias junto con un poco de tomillo picado y rectificamos de sal y pimienta. Dejamos que se cuezan las setas y el plato está listo para servir.

EL JUREL, TAMBIÉN CONOCIDO COMO CHICHARRO, ES UN PESCADO AZUL RICO EN OMEGA-3 Y VITAMINA B$_{12}$ QUE AYUDA AL METABOLISMO Y A LA FORMACIÓN DE GLÓBULOS ROJOS EN LA SANGRE.

LA MEJOR TEMPORADA DEL JUREL ES ENTRE ABRIL Y OCTUBRE.

LAS LLANEGAS SON UNAS SETAS DE TEXTURA MUCOSA QUE TIENEN UN SABOR MUY SUTIL Y AYUDAN A LIGAR LAS SALSAS. SI NO ENCONTRAMOS, SE PUEDEN SUSTITUIR POR OTRO TIPO O, CUANDO NO ES TEMPORADA, POR SETAS DESHIDRATADAS.

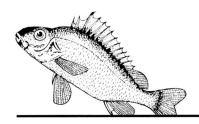

CABRACHO RELLENO DE MANITAS DE CERDO

Raciones

6 personas

Tiempo de preparación

4 horas

Ingredientes

1 cabracho grande
2 manitas de cerdo
4 alcachofas
150 g de sofrito casero
  (véase la receta: mejillones
  con sofrito de la abuela)
50 g de jamón
20 g de aceitunas de Aragón
20 g de alcaparras
2 chalotas
150 g de pan rallado
1 cebolla
1 chirivía
1 cabeza de ajo
1 hoja de laurel
Pimienta negra en grano
1 l de caldo de ave
  (véase la receta)
4 patatas
Aceite de oliva
Sal
Tomillo
Romero

1. Como paso previo debemos cocer las manitas de cerdo. Las ponemos blanqueadas en una olla con la cebolla troceada, una chirivía, la hoja de laurel y la pimienta en grano. Las cubrimos con caldo de ave y dejamos cocer suavemente durante 3 horas. Una vez cocidas y tibias, las deshuesamos y reservamos las manitas y el caldo de cocción.

2. Limpiamos el cabracho, que debe estar desescamado. Sacaremos la espina y las vísceras del pescado haciendo un corte por la parte superior, cerca de la espina dorsal: la vamos resiguiendo con el cuchillo para separar la carne y la cortamos por los dos extremos. Todo esto lo hacemos sin quitar ni cabeza ni cola, ya que queremos presentar el pescado entero.

3. En una sartén con un poco de aceite rehogamos la chalota bien picada. Añadimos el jamón y las alcachofas limpias y cortadas en dados. Incorporamos el sofrito casero al salteado, las manitas picadas en dados y un cucharón de su caldo de cocción. Dejamos que se cocine todo junto unos minutos.

4. Salpimentamos el cabracho tanto por dentro como por fuera. Rellenamos con la farsa de manitas de cerdo y bridamos con mucho cuidado para que el pescado no pierda la forma. Tapamos el corte con una mezcla de pan rallado, tomillo, romero, sal y pimienta.

5. Cortamos las patatas en rodajas finas y las disponemos en una bandeja apta para horno. Ponemos el pescado entero encima, añadimos un par de cucharones del caldo de cocer las manitas, un poco de aceite de oliva y horneamos a 140 °C durante 45 minutos. Terminamos la cocción con el grill a máxima potencia para gratinar.

6. Mientras se hornea el pescado, reducimos parte del caldo de las manitas que nos ha sobrado y le añadimos las aceitunas y las alcaparras picadas.

7. Sacamos el cabracho del horno, quitamos el hilo y presentamos entero con la salsa aparte.

TAJINE DE POLLO

Raciones

4 personas

Tiempo de preparación 60'

1 hora

Ingredientes

1 pollo de corral
2 cebollas
1 boniato
20 castañas
5 g de jengibre fresco
1 cucharada de miel
2 hojas de laurel
2 ramas de canela
1 cucharadita de cúrcuma
1 cucharadita de comino
1 cucharadita de sal de apio
Aceite de oliva
Sal
Pimienta

1. Para este plato utilizaremos un tajine, una cazuela de barro o hierro de base plana y tapa cónica con la que se cocinan algunos platos típicos del Magreb.

2. En la base del tajine rehogamos la cebolla cortada en juliana y el boniato en dados.

3. En un bol mezclamos el comino, la cúrcuma y la sal de apio con una cucharada de aceite de oliva.

4. Cuando la cebolla y el boniato se hayan ablandado un poco, ponemos el pollo troceado encima. Salpimentamos y añadimos la mezcla de especias, el jengibre rallado, la canela y la hoja de laurel.

5. Tapamos y dejamos cocer a fuego lento durante 50 minutos.

6. Mientras tanto, hacemos un corte y escaldamos unos segundos las castañas. Las pelamos y cortamos en cuatro trozos.
   TOQUE TORRES: castañas agridulces.

7. Salteamos las castañas en una sartén con un poco de aceite. Al final añadimos un toque de miel y unas gotas de vinagre.

8. Incorporamos las castañas al pollo y ya podemos servir.

LOS PLATOS DE CARNE, PESCADO Y VERDURAS COCIDOS EN ESTE TIPO DE CAZUELA TAMBIÉN RECIBEN EL NOMBRE DE TAJINE. EN SU MAYORÍA LLEVAN VERDURAS Y DIFERENTES ESPECIAS.

HEMOS UTILIZADO UN TAJINE DE HIERRO COLADO APTO PARA INDUCCIÓN. EN CASO DE TENER UNO DE BARRO, SALTEAMOS LAS CEBOLLAS Y LOS BONIATOS EN UNA SARTÉN. DESPUÉS PONEMOS TODOS LOS INGREDIENTES EN EL TAJINE Y HORNEAMOS A 170 °C DURANTE 50 MINUTOS.

LA CÚRCUMA ES UNA DE LAS ESPECIAS PRINCIPALES DEL CURRY. EL COLOR AMARILLO INTENSO SE LO DA LA CURCUMINA, QUE SE HA INVESTIGADO POR SUS PROPIEDADES ANTICANCERÍGENAS.

ROSBIF CON SALSA CAFÉ DE PARÍS

Raciones

4 personas

Tiempo de preparación

60'

1 hora de preparación,
12 horas de reposo para
la mantequilla

Ingredientes

1 pieza de lomo de ternera
de 1 kg
30 g de panceta
20 g de trufa
30 g de mantequilla
30 g de harina
250 ml de leche
Aceite | Sal | Pimienta

Mantequilla Café de París

200 g de mantequilla
1 cucharada de kétchup y
otra de mostaza de Dijon
1 anchoa
1 cucharadita de alcaparras,
otra de curry y otra de
pimentón
1 chalota y 1 diente de ajo
Zumo de lima y naranja
5 ml de vino de Jerez
5 ml de salsa worcestershire
5 ml de armañac
Hierbas aromáticas

1. Un día antes preparamos una mantequilla Café de París. Picamos todos los ingredientes y los mezclamos con la mantequilla a temperatura ambiente. Dejamos que endurezca y repose en la nevera.

2. Al día siguiente limpiamos el lomo de grasa dejando la carne magra. Cortamos tiras finas de panceta y trufa.
   👨‍🍳👨‍🍳 **TOQUE TORRES:** vamos a mechar la carne.

3. Con un mechador, introducimos la panceta y la trufa en el lomo. La panceta aporta jugosidad a la carne, y la trufa, sabor.

4. Salpimentamos el lomo y marcamos en una sartén caliente con aceite de oliva por todas las caras.

5. Una vez está marcada la carne, horneamos a 180 °C durante 15 minutos o hasta comprobar con un termómetro de cocina que su interior llega a los 60 °C. Dejamos reposar la carne unos 30 minutos para que quede bien jugosa.

6. Hervimos unas patatas pequeñas enteras con la piel hasta que estén tiernas.

7. En un cazo calentamos un poco de mantequilla, añadimos la harina y sofreímos durante 2 minutos para que pierda el sabor a crudo pero sin que coja color. Añadimos la leche caliente para obtener una bechamel ligera.

8. Fuera del fuego, añadimos un buen trozo de mantequilla Café de París y dejamos que se funda con el calor de la bechamel.

9. Cortamos el rosbif en lonchas finas, servimos acompañadas de la salsa y las patatas enteras.

LA SALSA CAFÉ DE PARÍS LA CREARON LOS SEÑORES BOUBIER EN GINEBRA EN LOS AÑOS TREINTA. LA POPULARIZÓ SU YERNO EN EL RESTAURANTE CAFÉ DE PARÍS COMO SALSA DE SU FAMOSO ENTRECOT.

PODEMOS APROVECHAR LOS RESTOS DE ROSBIF COMO FIAMBRE EN FRÍO PARA BOCADILLOS.

COSTILLAR DE CORDERO CON PERSILLADE

Raciones

2 personas

Tiempo de preparación

30 minutos

Ingredientes

1 costillar de cordero
9 tomates cherry
10 cebollitas
8 dientes de ajo
150 ml de leche
Unas ramas de perejil
60 g de pan rallado
Aceite de oliva
Sal
Pimienta

Extra

Ramas secas de limonero

1. Limpiamos el costillar y separamos la carne del hueso del espinazo para que mantenga mejor la forma.

   TOQUE TORRES: vamos a hornear sobre ramas secas.

2. En una bandeja para horno ponemos una base de ramas limpias de limonero y un poco de agua. Colocamos el costillar encima con la piel hacia arriba y horneamos durante 15 minutos a 180 °C.

3. En una olla cocemos los dientes de ajo con la leche hasta que estén bien cocidos. Los escurrimos y trituramos hasta conseguir una pasta.

4. Preparamos la persillade mezclando perejil, tomillo y romero picados con pan rallado.

5. Sacamos el costillar del horno y lo untamos con la pasta de ajo. Espolvoreamos por encima la mezcla de hierbas y pan rallado.

6. Partimos unos tomates cherry por la mitad y los cubrimos con la persillade.

7. Gratinamos el costillar y los tomates en el horno con el grill a máxima potencia durante 5 minutos o hasta que estén bien dorados.

8. Rehogamos las cebollitas en una sartén con aceite hasta que estén tiernas.

9. Servimos el costillar entero acompañado de los tomates gratinados y las cebollitas salteadas.

LA PERSILLADE ES UN TIPO DE ADEREZO TÍPICAMENTE FRANCÉS QUE TIENE COMO PROTAGONISTA EL PEREJIL, *PERSIL* EN FRANCÉS.

PARA DAR COLOR AL PLATO PODEMOS UTILIZAR TOMATES CHERRY DE DISTINTOS COLORES Y FORMAS.

SI NO TENEMOS RAMAS DE LIMONERO, PODRÍAN SERVIR RAMAS SECAS DE OTRO TIPO DE ÁRBOL, Y SI NO, UNAS PATATAS CORTADAS EN BASTONES GRUESOS. LO IMPORTANTE ES QUE LA CARNE ESTÉ SEPARADA DEL FONDO DE LA BANDEJA.

COSTILLAR DE LECHAZO A LA BRASA CON MIEL

Raciones

4 personas

Tiempo de preparación

70 minutos

Ingredientes

1 costillar de cerdo
2 cucharadas de miel
60 ml de vino rancio
4 patatas monalisa
2 chalotas
1 cabeza de ajos
Sal
Pimienta

1. Limpiamos y preparamos el costillar. Para ello recortamos las puntas dejándolo lo más rectangular posible.
2. Cortamos las patatas en rodajas de unos 2 centímetros de grosor y las disponemos en una bandeja para horno con sal y pimienta.
3. Mezclamos la miel con el vino rancio, excepto un poco que reservamos para la salsa.
4. Ponemos el costillar salpimentado encima de las patatas y lo pincelamos con la mezcla de miel y vino rancio. Vertemos un vaso de agua en la bandeja y horneamos a 200 ºC durante una hora. Iremos pintando el costillar con la miel y, en caso que evapore el agua de la bandeja, añadimos un poco más.

Para la salsa:

5. Doramos los recortes del costillar, cortados en trozos regulares, junto con los ajos en camisa en una cazuela con aceite caliente. Una vez dorados añadimos las chalotas cortadas en juliana y dejamos rehogar.
6. Desglasamos con un poco de vino rancio, dejamos evaporar y añadimos medio litro de agua. Ponemos a hervir a fuego lento durante una hora, desgrasando cuando sea necesario.
7. Colamos y ponemos a reducir el caldo, junto con los jugos que haya soltado la carne en el horno, hasta obtener una salsa untuosa y suave.
8. Cortamos las costillas y servimos con las patatas, un poco de salsa por encima, o servida en una salsera aparte, y terminamos con unas hojas o brotes.

GRACIAS A LA PATATA, EL COSTILLAR NO ESTÁ
EN CONTACTO CON EL AGUA, PERO ESTA, AL EVAPORAR,
HIDRATA LA CARNE, QUE QUEDA JUGOSA.

LA MIEL ES EL ÚNICO ALIMENTO QUE NO CADUCA
POR LA ALTA CONCENTRACIÓN DE AZÚCARES.

TAMBIÉN PODEMOS ACOMPAÑAR ESTE ASADO CON
UNOS GAJOS DE MEMBRILLO SALTEADOS.

CAPÓN RELLENO

Raciones

6 personas

Tiempo de preparación

3 horas

Ingredientes

1 capón
700 g de carne picada
  de pollo
300 g de foie
30 g de orejones
30 g de pasas
40 g de castañas
20 g de trufa negra
15 g de pistachos
10 g de piñones
20 ml de coñac
30 g de ciruelas secas
500 g de patatas pequeñas
500 ml de caldo de ave
  (véase la receta)
Aceite de oliva
Sal
Pimienta

1. Para empezar necesitamos un capón limpio, eviscerado y sin las patas. Podemos pedir al carnicero que nos lo prepare así.

2. Picamos con el cuchillo el corazón, las mollejas y el hígado del capón. Los mezclamos en un bol con la carne picada de pollo y los orejones, las pasas, las castañas, los pistachos y los piñones. Salpimentamos y añadimos el coñac.

   TOQUE TORRES: para una pechuga aún más sabrosa.

3. Con mucho cuidado, separamos la piel de la pechuga y ponemos entre ella y la carne unas láminas de foie fresco y de trufa.

4. Rellenamos el capón con la farsa y bridamos, atando las patas y pasando el hilo por las alas, para que no se escape el relleno ni el capón pierda la forma.

5. Salpimentamos con generosidad el capón, lo untamos con aceite de oliva y ponemos en una bandeja para horno con el caldo de ave. Lo horneamos a 140 °C durante 2 horas.

6. Sacamos el capón y dejamos que repose unos minutos para que los jugos se distribuyan y quede la carne más jugosa. Mientras, reducimos el caldo de la bandeja hasta tener una textura espesa y untuosa.

7. Subimos la temperatura del horno a 210 °C. Pintamos el capón reposado con el caldo de ave reducido y volvemos a hornear. En esta ocasión queremos dorar y obtener una piel crujiente. Lo tendremos en el horno 25 minutos e iremos pintando a menudo con el caldo de ave.

8. Hervimos las patatas en agua con sal hasta que estén tiernas, unos 15 minutos. Después, las salteamos con las ciruelas secas y los recortes de trufa que nos han sobrado, bien picados.

9. Una vez dorado, sacamos el capón, quitamos el hilo y servimos entero acompañado por las patatas y las ciruelas alrededor.

EL CAPÓN ES UN GALLO
CASTRADO DE UNOS 3 KILOS Y MEDIO DE PESO.

CODILLO DE CERDO AL VINO BLANCO

Raciones

4 personas

Tiempo de preparación

150'

2 horas y media

Ingredientes

2 codillos de cerdo
2 cebollas
2 zanahorias
2 chirivías
1 puerro
1 cabeza de ajos
300 ml de vino blanco
1 l de caldo de remojo de cocido
2 manzanas golden
Tomillo limón
Aceite de oliva
Sal
Pimienta

1. Bridamos los codillos para que mantengan la forma y los doramos salpimentados en una cazuela con aceite de oliva junto con la cabeza de ajos partida por la mitad.

2. Retiramos los codillos e incorporamos las verduras de la bresa y el tomillo a la cazuela. Dejamos sofreír unos minutos.

3. Cuando las verduras estén pochadas, volvemos a incorporar los codillos a la cazuela y añadimos el vino y el caldo de remojo. Dejamos cocer a fuego suave durante 2 horas.

4. Pasado este tiempo, retiramos los codillos y pasamos las verduras con el jugo de la cocción por un colador fino. Reducimos esta salsa al fuego hasta la mitad de su volumen y la terminamos incorporando una nuez de mantequilla para que quede brillante.

5. Ponemos los codillos de pie dentro del cazo donde reduce la salsa y los vamos bañando con ella para lacarlos. Tienen que quedar completamente cubiertos por la salsa.

6. Cortamos las manzanas en cuartos, quitamos el corazón y las salteamos ligeramente en una sartén con aceite de oliva y un poco de sal.
   TOQUE TORRES: damos un toque final muy aromático.

7. En el último momento rallamos un poco de nuez moscada por encima de la carne y emplatamos con las manzanas como guarnición y el resto de la salsa aparte.

◆◆

EL CALDO DE REMOJO LO OBTENEMOS
VOLVIENDO A HERVIR CON AGUA LAS CARNES
Y LAS VERDURAS DE UN CALDO DE COCIDO
DURANTE 30 MINUTOS.

EL CODILLO DE CERDO ES EL EQUIVALENTE
AL JARRETE DE TERNERA, ES DECIR, EL TROZO DE CARNE
CERCANO A LA ARTICULACIÓN DEL CODO.

EL CONSUMO MODERADO DE CARNE,
DENTRO DE UNA DIETA EQUILIBRADA, CONTRIBUYE
AL CRECIMIENTO Y EL DESARROLLO DE LOS TEJIDOS.

Codillo

JARRETE LACADO

Raciones

4 personas

Tiempo de preparación

4 horas de marinado,
5 horas de preparación

Ingredientes

1 jarrete de ternera
  con hueso
3 cebollas
1 cabeza de ajos
2 l de caldo de cocido
400 g de ñame
50 ml de nata
Mantequilla
8 espardeñas
Aceite de oliva
Sal
Pimienta

Marinado

2 kg de sal gruesa
1 kg de azúcar

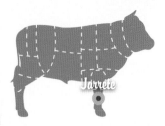

1. Antes de empezar, bridamos el jarrete entero para que mantenga mejor la forma. Hacemos un lazo que atamos con un nudo en un extremo. Pasamos el hilo por debajo hasta el otro extremo y vamos dando vueltas hasta llegar al primer nudo.

2. Mezclamos la sal y el azúcar y cubrimos el jarrete para marinarlo. Lo guardamos en la nevera 4 horas.

3. Una vez marinado, lavamos bien el jarrete para quitar todos los restos de sal y azúcar.

4. En una cazuela amplia rehogamos la cabeza de ajos por la mitad y la cebolla cortada en dados.

5. A continuación, ponemos el jarrete de modo que el lado con más carne toque el fondo. Cubrimos con el caldo de cocido y dejamos a fuego suave unas 3 horas.

6. Retiramos el jarrete y colamos el caldo. Lo reducimos hasta obtener una salsa muy espesa y brillante.

7. En una cazuela ponemos el jarrete de pie y vertemos la salsa por encima. Vamos bañando el jarrete con la salsa hasta que esté bien impregnado y brillante y no quede salsa en la cazuela.

Para la guarnición:

8. Hervimos el ñame entero con piel en agua con sal durante unos 20 minutos, hasta que esté bien cocido.

9. Pelamos y trituramos junto con la nata, una nuez de mantequilla, sal y pimienta.

    TOQUE TORRES: un particular mar y montaña.

10. Marcamos las espardeñas limpias en una sartén muy caliente.

11. Servimos el jarrete entero acompañado por el puré de ñame y las espardeñas.

EL JARRETE TAMBIÉN SE CONOCE
COMO MORCILLO O BRAZUELO Y CORRESPONDE
A LA PARTE DEL CODO DE LA TERNERA.

FINANCIERS CON CREMA DE PISTACHOS

Raciones

8 unidades

Tiempo de preparación

35 minutos de preparación, 2 horas de reposo

Ingredientes

Bizcochos financier

350 g de azúcar glas
300 g de mantequilla
300 g de clara de huevo
125 g de harina de trigo
125 g de harina de almendra
1 vaina de vainilla
Avellanas, almendras
  y nueces picadas

Crema de pistachos

500 ml de nata
200 g de pistachos
100 ml de aceite de girasol
100 g de mantequilla
50 g de azúcar glas

1. Fundimos la mantequilla en un cazo a fuego suave y la mantenemos al fuego hasta que tenga un ligero tono dorado y aroma de avellana. Así conseguimos la mantequilla *noisette*. Dejamos reposar un poco para que se entibie.

2. En un bol mezclamos las harinas, el azúcar glas y las claras de huevo y batimos bien con unas varillas.

3. Abrimos la vaina de vainilla por la mitad a lo largo y raspamos para quitar las semillas. Las añadimos al bol.

4. Mientras seguimos batiendo la mezcla de harina, azúcar y claras, vamos incorporando poco a poco la mantequilla *noisette*.

5. Llenamos moldes individuales con la masa de los financiers. Encima ponemos los frutos secos picados y horneamos a 180 °C durante 20 minutos. Estarán listos cuando al pinchar con un palillo en el centro, éste salga seco.

   🧑‍🍳 **TOQUE TORRES:** Vamos a hacer un falso helado de pistacho.

6. Trituramos los pistachos con el aceite de girasol hasta conseguir una pasta fina.

7. Batimos la nata hasta que esté semimontada, es decir, que coja volumen pero sin llegar a estar firme.

8. Mezclamos la nata semimontada con la pasta de pistacho, el azúcar glas y la mantequilla pomada. Una vez esté bien mezclado, lo guardamos en la nevera para que se enfríe y tome consistencia.

9. Una vez fríos, desmoldamos los financiers y los servimos con una quenelle de crema de pistacho.

LOS FINANCIERS SE CREARON EN LA PASTELERÍA LA LASNE, SITUADA CERCA DE LA BOLSA DE VALORES DE PARÍS. LA MAYORÍA DE SUS CLIENTES ERAN FINANCIEROS QUE IBAN A TOMAR UN TÉ O CAFÉ.

ROSCÓN DE REYES

Raciones

8 personas

Tiempo de preparación

45 minutos de preparación,
15 horas de fermentación

Ingredientes

500 g de harina de fuerza
200 ml de leche
120 g de mantequilla
100 g de azúcar
1 huevo
10 g de sal
15 g de levadura
15 ml de agua de azahar
Ralladura de limón
Ralladura de naranja

Relleno

500 ml de nata
90 g de azúcar
1 vaina de vainilla

Decoración

Fruta escarchada
Granillo de almendra
Azúcar perlado

1. Empezamos mezclando la harina, el azúcar, la sal y las ralladuras con la amasadora a baja velocidad.

2. Desleímos la levadura en la leche y la incorporamos a la amasadora. Añadimos también el agua de azahar y el huevo batido. Vamos amasando hasta que estén todos los ingredientes bien integrados.

3. Incorporamos la mantequilla muy fría y cortada en dados. La vamos poniendo a trozos y no añadimos más hasta que no esté bien integrada. Este proceso va a tardar unos 20 minutos y al final debemos tener una masa fina, sedosa y muy elástica.

4. Pasamos la masa a la encimera, le damos forma de bola y la ponemos en un bol bien tapado con film y la metemos en la nevera durante 12 horas.

5. Al día siguiente sacamos la masa de la nevera y dejamos que se atempere.

6. Dividimos la masa en 8 porciones iguales y las boleamos, es decir, les damos forma de bola haciéndolas rodar por la encimera.
   TOQUE TORRES: vamos a dar una forma distinta al roscón.

7. En una bandeja para horno con papel sulfurizado formamos el roscón. Ponemos un aro pequeño en el centro untado con aceite y vamos disponiendo las bolas de roscón como si se tratara de los pétalos de una flor.

8. Dejamos que fermente bien tapado en un sitio cálido hasta que doble su volumen, normalmente entre 1 hora y media y 2 horas.

9. Quitamos el aro del centro, pintamos con huevo batido y decoramos con la fruta escarchada, a la que podemos darle forma con cortapastas, el granillo de almendra y el azúcar perlado.

10. Horneamos a 180 °C durante 17 minutos hasta que esté bien dorado y dejamos enfriar sobre una rejilla.

11. Una vez frío, cortamos el roscón por la mitad y rellenamos con la nata montada con azúcar y las semillas de vainilla, sin olvidar que hay que esconder un haba y una figurita de rey.

ESPACIO ILUSIÓN

I+D = ILUSIÓN MÁS DIVERSIÓN

Creación, exploración, experimentación, todo rima en este espacio donde surgen las recetas con ADN Torres. Para atreverse con las combinaciones más sorprendentes.

SOPA DE CEBOLLA GRATINADA

Raciones

2 personas

Tiempo de preparación

45'

45 minutos

Ingredientes

2 cebollas grandes
2 dientes de ajo
200 ml de caldo oscuro
   de ave (véase la receta)
50 g de panceta
5 ml de armañac
2 rebanadas de pan rústico
50 g de queso gruyer
Una pizca de orégano fresco
Aceite de oliva
Sal
Pimienta

TOQUE TORRES: usamos cebollas de la denominación de origen Fuentes de Ebro, más dulces, tiernas y menos picantes que otros tipos.

1. Cortamos en juliana fina las dos cebollas y en láminas los ajos.

2. En una olla con un poco de aceite de oliva doramos la panceta cortada por la mitad. Hay que dorarla por todos los lados y a fuego medio para que suelte parte de la grasa.

3. Añadimos la cebolla y los ajos, salpimentamos y dejamos que pochen a fuego suave hasta que la cebolla esté tierna, transparente y tenga un ligero tono dorado. Tardará unos 15 minutos.

4. A continuación, incorporamos el armañac y dejamos unos segundos que se evapore el alcohol. Entonces agregamos el caldo de ave que teníamos preparado y dejamos hervir a fuego suave durante 20 minutos.

5. Mientras tanto, rallamos el queso y lo mezclamos con el orégano bien picado. También aprovechamos para tostar las rebanadas de pan en el horno a 180 °C durante unos 10 minutos.

6. Cuando la sopa está lista, rectificamos de sal y pimienta y la repartimos en boles individuales.

7. Cubrimos con el pan tostado y el queso rallado con orégano por encima. Gratinamos en el horno con el grill durante unos minutos hasta que el queso esté dorado.

LA SOPA DE CEBOLLA ES UN PLATO TRADICIONAL
FRANCÉS DE ORIGEN HUMILDE.

UN 90% DEL PESO DE UNA CEBOLLA ES AGUA.
ES BAJA EN GRASAS PERO RICA EN FIBRA,
MINERALES Y VITAMINAS.

LAS CEBOLLAS, JUNTO CON LOS AJOS Y LOS PUERROS,
ERAN CONSUMIDAS EN GRAN CANTIDAD
POR EGIPCIOS, GRIEGOS Y ROMANOS.

GARBANZOS CON TRIPA DE BACALAO

Raciones

2 personas

Tiempo de preparación

20 minutos

Ingredientes

200 g de garbanzos pedrosillanos
80 g de tripa de bacalao
60 g de salchichas
2 chalotas
2 dientes de ajo
2 tomates
1 cucharadita de pimentón de la Vera
20 g de almendras
Aceite de oliva
Sal

1. Tres horas antes ponemos los garbanzos remojados y escurridos en agua hirviendo (es muy importante), y bajamos el fuego para que se cocinen poco a poco durante un par de horas o hasta que estén bien tiernos.

2. Desalamos las tripas de bacalao poniéndolas en un cuenco cubiertas con abundante agua fría.

Para el guiso:

3. En una cazuela con aceite caliente doramos las salchichas cortadas en trozos de unos 2 centímetros.

4. Cuando están bien doradas, añadimos la chalota y el ajo picados y rehogamos hasta que la chalota empiece a estar transparente.

5. Trituramos los tomates cortados enteros en cuartos con la batidora. Lo pasamos por un colador para quitar pieles y semillas y añadimos el tomate triturado a la cazuela. Dejamos que reduzca bien hasta que el sofrito esté brillante y concentrado.

6. Limpiamos las tripas desaladas sacando la piel oscura que las recubre. Después cortamos en trozos regulares.

7. Con el sofrito a punto, ponemos los garbanzos y un poco de su agua de cocción.

8. Añadimos la tripa de bacalao al guiso y dejamos que se cocine a fuego suave durante unos minutos. Es importante que vayamos removiendo para que no se pegue.

9. Mientras, preparamos un majado en el mortero aprovechando la pulpa de los ajos de la cocción de los garbanzos y unas almendras tostadas. Machacamos bien hasta conseguir una pasta fina.

10. Añadimos el majado al guiso, removemos bien para que se integre y ya podemos servir.

LO QUE LLAMAMOS TRIPA DE BACALAO ES SU VEJIGA NATATORIA, UNA BOLSA QUE LE PERMITE NADAR O QUEDARSE QUIETO EN EL AGUA.

QUESO TIERNO DE ALMENDRAS

Raciones

2 personas

Tiempo de preparación

60'

1 hora de preparación,
1 día de reposo

Ingredientes

1 l de leche fresca
250 g de almendra cruda
200 ml de amaretto
(licor de almendras)
2 limas
Cuajo

1. Trituramos las almendras con la leche y el amaretto.
2. Calentamos la mezcla hasta que hierva, entonces retiramos del fuego y colamos.
3. Añadimos el cuajo y el zumo de dos limas a la leche aún caliente. Removemos bien y dejamos reposar tapado con un paño hasta que la leche se haya cortado, unos 45 minutos aproximadamente.
4. Colamos con un colador y un paño de algodón encima. Envolvemos el queso con el paño y lo guardamos un par de horas en la nevera sobre una rejilla para que pueda escurrir.
5. Sacamos porciones para hacer quesos individuales. Les damos forma circular con ayuda de un aro bien engrasado o papel de acetato y los guardamos en la nevera sobre papel absorbente y tapados. Dejamos refrigerar hasta conseguir el punto de curación deseado (nosotros recomendamos un día entero).
6. Presentamos con un poco de sal y pimienta por encima. Podemos acompañar con almendras de leche y verdolaga cuando sea temporada.

ÉSTE ES UN QUESO TIERNO Y CREMOSO
MUY FÁCIL DE PREPARAR EN CASA.

PARA UNA PRESENTACIÓN DIFERENTE Y DIVERTIDA,
QUITAMOS UNA PORCIÓN Y
SIMULAMOS LA FIGURA DE COMECOCOS.

EL CUAJO PUEDE SER DE ORIGEN VEGETAL,
ANIMAL O BIEN SINTÉTICO,
COMO EL QUE HEMOS USADO AQUÍ.
SE PUEDE ADQUIRIR EN LAS FARMACIAS.

CREMA DE BACALAO Y COLIFLOR

Raciones

4 personas

Tiempo de preparación

30'

30 minutos

Ingredientes

300 g de lomo de bacalao desalado

Pieles y recortes de bacalao desalado

1 coliflor

100 g de romanesco

100 ml de nata

4 tripas de bacalao

1 diente de ajo negro

200 ml de aceite de oliva suave

1 lima

1 cucharadita de ají amarillo

Aceite de oliva virgen extra

Sal

Pimienta

1. Cortamos la coliflor en trozos grandes y la hervimos en agua con sal hasta que esté bien cocida, unos 15 minutos.

2. Ponemos la piel, algunas puntas y recortes de bacalao a confitar en aceite suave durante 20 minutos.

3. Trituramos este bacalao con el aceite hasta que ligue y tengamos un pilpil espeso.

4. Por otra parte, trituramos la coliflor con la nata y la mezclamos con el pilpil de bacalao.

5. Cortamos el lomo de bacalao en daditos y aliñamos con ralladura y zumo de lima, un poco de ají amarillo y aceite de oliva.

6. Con un rallador o pelador, sacamos la capa exterior del romanesco, lo desmenuzamos bien y aliñamos con sal, ralladura de lima y aceite.

   TOQUE TORRES: vamos a hacer crujiente de tripa de bacalao.

7. Deshidratamos tripas de bacalao desaladas poniéndolas al horno a 60 °C durante toda una noche. Freímos estas tripas en aceite caliente hasta que se hinchen como una corteza.

8. Emplatamos los dados de bacalao en el fondo del plato, cubrimos con la crema de coliflor y bacalao. Espolvoreamos el caviar de romanesco por encima y decoramos con dados de ajo negro y la corteza de tripa de bacalao.

LA COLIFLOR ES RICA EN FIBRA, CALCIO Y FÓSFORO. ES MUY DEPURATIVA Y FAVORECE LA ELIMINACIÓN DE LÍQUIDOS.

EN LA PIEL DEL BACALAO SE CONCENTRA BUENA PARTE DE LA GELATINA QUE PERMITE LIGAR LA SALSA PILPIL.

LA COMBINACIÓN DE BACALAO Y COLIFLOR ES HABITUAL EN PLATOS TÍPICOS DE CUARESMA.

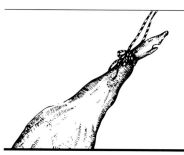

CREMA FRÍA DE POCHAS

Raciones

2 personas

Tiempo de preparación

40'

40 minutos

Ingredientes

200 g de pochas
50 g de panceta
50 g de jamón
1 cebolla
1 diente de ajo
20 rebozuelos
1 puerro
Hojas y brotes de ensalada
1 rama de tomillo
Vinagre blanco
Vinagre de Jerez
Aceite de oliva
Sal
Pimienta

1. Doramos en una olla con aceite de oliva los trozos de jamón y panceta hasta que hayan soltado parte de su grasa.

2. Añadimos la cebolla cortada en dados y el ajo en camisa y dejamos que rehogue un poco sin que coja color.

3. Cuando la cebolla está transparente, incorporamos las pochas y la rama de tomillo. Cubrimos con agua, salamos y dejamos cocer 25 minutos o hasta que las pochas estén cremosas.

4. Retiramos el ajo, la rama de tomillo y las carnes que cortamos en dados pequeños.

5. Trituramos las alubias con el líquido de cocción, aceite de oliva y un toque de vinagre blanco hasta conseguir una crema fina.
   TOQUE TORRES: vamos a servir la crema de alubias fría.

6. Colamos la crema y la ponemos a enfriar rápidamente. Podemos hacerlo vertiéndola en un bol sobre otro con hielo e ir removiendo.

7. Limpiamos las setas y cortamos el puerro en rodajas. Los salteamos en un cazo con aceite de oliva y un poco de sal.

8. Añadimos un poco de vinagre de jerez y dejamos que evapore para que las setas y el puerro queden glaseados.

9. Servimos la crema en un plato hondo con las setas, el puerro y los dados de panceta y jamón por encima. Decoramos con algunos brotes aliñados con aceite.

LAS POCHAS O TABELLAS SON ALUBIAS FRESCAS
QUE ESTÁN DE TEMPORADA ENTRE JUNIO Y OCTUBRE.
FUERA DE TEMPORADA PODEMOS PREPARAR
ESTE PLATO CON ALUBIAS SECAS.

LAS POCHAS Y OTRAS LEGUMBRES VERDES
NO NECESITAN REMOJO, SON MÁS SUAVES
Y TIENEN UNA PIEL MÁS FINA.

ESTA CREMA TAMBIÉN
SE PUEDE SERVIR CALIENTE O TIBIA.

CREMA DE AJO NEGRO

Raciones

2 personas

Tiempo de preparación

45'

45 minutos

Ingredientes

1 cabeza de ajo negro
250 ml de nata
250 ml de caldo de ave
(véase la receta)
1 cucharada de tinta de
calamar
150 g de foie fresco
2 hojas de gelatina
Sal
Pimienta

Crumble

100 g de harina de trigo
50 g de harina de malta
100 g de mantequilla
250 g de azúcar
Sal

Para la crema de ajo negro:

1. Ponemos las hojas de gelatina a remojo en agua muy fría.
2. Cortamos el foie en dados. Lo colocamos en un cazo con el caldo de ave al fuego durante unos 8 minutos. Cuando haya soltado la grasa, colamos el caldo.
3. Con una batidora o robot de cocina, trituramos los ajos negros pelados con el caldo de foie, la nata y la tinta de calamar.
4. Ponemos la crema al fuego para que hierva un par de minutos.
5. Escurrimos bien las hojas de gelatina y las añadimos a la crema ya fuera del fuego. Removemos para que se disuelva la gelatina y disponemos la crema en los platos o cuencos para servir. Dejamos enfriar en la nevera hasta que cuaje por la acción de la gelatina, mínimo 30 minutos.

Vamos con el crumble:

TOQUE TORRES: un crumble con textura de arena y muy aromático.

6. En un bol mezclamos las dos harinas con el azúcar, la sal y la mantequilla bien fría. Hay que deshacer la mantequilla en el resto de los ingredientes hasta conseguir una textura parecida a las migas.
7. Extendemos en una bandeja de horno y la horneamos a 170 °C hasta que quede crujiente y seco, alrededor de 25 minutos.
8. Sacamos la crema de la nevera, que estará bien cuajada. Ponemos parte del crumble por encima y decoramos con flores de ajo y brotes. Terminamos con sal gruesa y pimienta.

EL ORIGEN DEL AJO NEGRO
ESTÁ EN LA COCINA ORIENTAL.

SE OBTIENE DE LA FERMENTACIÓN DE CABEZAS
DE AJO ENTERAS DURANTE 40 DÍAS A 60 °C.

ES CINCO VECES MÁS ANTIOXIDANTE
QUE EL AJO FRESCO.

SOPA DE AJO Y PEREJIL

Raciones

2 personas

Tiempo de preparación

15 minutos

Ingredientes

2 cabezas de ajos
1 manojo de perejil
8 ajos tiernos
250 ml de fumet
2 rebanadas de pan rústico
Mantequilla
Perifollo
Tomillo
Romero
Flores de ajo
Aceite de oliva
Sal

1. Pelamos los dientes de ajo, los partimos por la mitad a lo largo y quitamos el germen.

   ✗ **TRUCO TORRES:** para pelar mejor los ajos se pueden dejar desgranados en un cuenco con agua fría unos 10 minutos.

2. Blanqueamos estos ajos en un cazo con agua hirviendo unos 15 segundos. Los sacamos y pasamos directamente a una sartén con un poco de aceite caliente y los salteamos.

3. Cuando empiecen a dorarse, añadimos el tomillo y el romero bien picados y los ajos tiernos cortados en trozos de unos 2 centímetros. Dejamos que se rehogue unos minutos hasta que los ajos tiernos estén cocinados pero al dente, un poco crujientes. Escurrimos los ajos con un colador y reservamos.

4. Por otro lado, deshojamos el perejil, lo escaldamos en agua hirviendo y lo retiramos enseguida a un bol con agua y hielo. Con este paso fijamos la clorofila y mantiene el color verde intenso.

5. Trituramos el perejil escurrido con el fumet y calentamos el caldo resultante. Lo emulsionamos batiéndolo con una nuez de mantequilla.

6. Cortamos la miga del pan en dados o en pellizcos. Ponemos al horno a 180 °C hasta que quede tostado y crujiente. Va a tardar unos 5 minutos.

7. Para emplatar, disponemos los ajos y los ajos tiernos en un plato hondo, el pan tostado y finalmente mojamos el conjunto con la sopa de perejil. Decoramos con unas hojas de perifollo y flores de ajo.

EN EL *QUIJOTE* YA SE MENCIONA LA SOPA DE AJO COMO PLATO POPULAR MANCHEGO.

EL AJO ES ANTIBIÓTICO, REDUCE LA PRESIÓN ARTERIAL Y EL COLESTEROL E INCREMENTA LA LIBERACIÓN DE INSULINA, ENTRE MUCHAS OTRAS PROPIEDADES.

EL PEREJIL ES DIURÉTICO, VASODILATADOR Y TONIFICANTE.

GUISANTES CON CALAMAR Y SALSA DE CANANA

Raciones

4 personas

Tiempo de preparación

25'

25 minutos

Ingredientes

Caldo de canana

1 kg de canana
2 cebollas
1 pimiento rojo
1 pimiento verde
3 tomates triturados
2 dientes de ajo
1 cucharada de pimentón

Guisantes

500 g de guisantes
1 chalota
10 ml de vino blanco
300 ml del caldo de canana
200 g de calamar de potera
Flores o brotes de guisante
   para decorar
Aceite de oliva
Sal
Pimienta

1. Empezamos preparando el caldo de canana. En una olla rehogamos la cebolla, los pimientos y el ajo picado.
2. Cuando la cebolla esté transparente, añadimos el pimentón, damos un par de vueltas y agregamos el tomate triturado.
3. Una vez haya reducido el tomate, añadimos la canana cortada en trozos grandes. Cubrimos justo con agua y dejamos hervir suavemente durante 15 minutos.
4. Colamos bien el caldo de canana, lo llevamos a ebullición y añadimos los guisantes que dejamos cocer unos 3 o 4 minutos. Rectificamos de sal y pimienta.

   TOQUE TORRES: vamos a dar una presentación diferente al calamar.
5. Limpiamos y cortamos un buen cuadrado de los calamares. Hacemos pequeños cortes superficiales en forma de rejilla, salpimentamos y salteamos en una sartén muy caliente con unas gotas de aceite.
6. Emplatamos los guisantes con el caldo, encima ponemos el calamar salteado y decoramos con unas flores de guisante.

LOS GUISANTES, IGUAL QUE LAS HABAS,
SON LEGUMBRES QUE SE CONSUMEN FRESCAS.

NO TIRAMOS LAS VAINAS DE LOS GUISANTES.
SI LAS LICUAMOS, MEZCLAMOS CON LECITINA DE SOJA
Y BATIMOS BIEN, OBTENEMOS UN AIRE DE GUISANTE
PARA DECORAR ESTE PLATO.

PODEMOS AÑADIR UNOS TIRABEQUES SALTEADOS,
UNA VERDURA DE LA FAMILIA DEL GUISANTE
QUE SE CONSUME EN SU VAINA.

RAVIOLIS DE FOIE Y CASTAÑAS

Raciones

4 personas

Tiempo de preparación

45'

45 minutos

Ingredientes

Pasta fresca

300 g de harina
8 yemas de huevo
60 ml de leche

Raviolis

400 g de foie
300 g de castañas
250 ml de leche
5 tomates secos
6 aceitunas kalamata
80 g de mascarpone
500 ml de caldo de cocido
½ rama de canela
Cebollino
Sal
Pimienta

1. Empezamos por la pasta fresca. Amasamos todos los ingredientes hasta tener una masa fina y sedosa. Formamos una bola, la envolvemos en film y dejamos que repose media hora.

2. Cocemos las castañas en la leche con la canela hasta que estén bien tiernas, retiramos la canela y trituramos muy fino hasta obtener un puré de castaña.

3. Cortamos el foie en rodajas de 1 centímetro de grosor y sacamos círculos con un cortapastas.

4. Calentamos el caldo de cocido con los restos que sobran del foie.

5. Estiramos la pasta fresca y la dividimos en dos partes. Sobre la primera disponemos los círculos de foie y el puré de castaña encima.

   TOQUE TORRES: vamos a darles forma de sombrero a los raviolis.

6. Cubrimos con la otra parte de pasta. Con ayuda del mismo cortapastas que hemos utilizado para el foie, presionamos un poco para sellar cada uno de los raviolis y los cortamos con otro cortapastas más grande.

7. Cocemos los raviolis en agua durante 2 minutos.

8. Colamos el caldo de cocido con el foie, añadimos el queso mascarpone y removemos bien. Terminamos de cocer los raviolis en este caldo.

9. Emplatamos los raviolis en el caldo y acompañamos con tomate seco y aceitunas picadas.

TAMBIÉN PODEMOS PONER UNA LÁMINA
DE TRUFA EN EL RELLENO DE LOS RAVIOLIS.

EL ORIGEN DE LOS RAVIOLIS
ESTÁ EN CHINA Y FUE MARCO POLO
QUIEN LOS LLEVÓ HASTA ITALIA.

EL MASCARPONE ES UN QUESO FRESCO
CREMOSO ITALIANO QUE SE PRODUCE
DE FORMA PARECIDA AL YOGUR.

TRUFA EMBARRADA

Raciones

2 personas

Tiempo de preparación

45 minutos

Ingredientes

Versión Sergio

1 trufa negra de unos 20 g

150 g de carne picada
   de cerdo

150 g de carne picada
   de ternera

20 ml de armañac

1 huevo

10 g de avellanas

10 g de piñones

3 hojas grandes de col

Tomillo

Sal

Pimienta

Versión Javier

1 trufa negra

½ papada de cerdo cocida

3 hojas grandes de col

Sal

Pimienta

Extra

Arcilla de modelar

1. **Para la versión de Sergio**, mezclamos las dos carnes picadas con el armañac, el huevo y los frutos secos picados. Salpimentamos y sazonamos con un poco de tomillo picado. Envolvemos la trufa con la carne picada.

   Para la versión de Javier, cortamos un cubo de papada. Lo partimos por la mitad y con ayuda de una puntilla vaciamos una semiesfera de cada mitad. Ponemos la trufa dentro y volvemos a juntar las dos mitades.

2. Escaldamos unos segundos las hojas de col en agua hirviendo. Las retiramos a un bol con agua y hielo para cortar la cocción.

3. Ponemos la arcilla entre dos láminas de papel film y lo estiramos bien con un rodillo.

4. Cubrimos cada una de las dos presentaciones de trufa con las hojas de col procurando que no quede ninguna parte descubierta ya que la col va a proteger la carne del barro.

   🍴 **TOQUE TORRES:** vamos a cocinar con arcilla.

5. Envolvemos estos paquetes con la arcilla hasta que quede bien sellado.

6. Horneamos los paquetes a 190 °C durante 25 minutos.

7. Sacamos del horno y en cuanto haya enfriado un poco rompemos el barro suavemente con un martillo o una maza. También podemos servir los paquetes directamente del horno y que cada comensal rompa su trufa sorpresa.

LA COCCIÓN CON BARRO ES UNA FORMA DE COCINAR
AL VACÍO Y EN SUS PROPIOS JUGOS.

LA TEMPORADA DE LA TRUFA MELANOSPORUM
O TRUFA NEGRA ES DE DICIEMBRE A MARZO.

PARA COCER LA PAPADA DE CERDO, LO HACEMOS
EN AGUA CON SAL, UNA CABEZA DE AJOS, LAUREL
Y PIMIENTA DURANTE 2 HORAS.

TRUFA SORPRESA

Raciones

2 personas

Tiempo de preparación

75'

1 hora y cuarto

Ingredientes

120 g de foie micuit
15 g de pieles de trufa
80 ml de jugo de trufa
1 hoja de gelatina
Hojas de escarola
Aceite de oliva
Limón
Sal

1. Desmenuzamos bien el foie y hacemos dos bolas iguales. Las envolvemos con papel film y dejamos enfriar en el congelador hasta que se endurezcan, unos 30 minutos.

2. Picamos muy fino la piel de trufa para simular la superficie de la trufa. Rebozamos las bolas de foie con la trufa hasta que estén bien cubiertas y las reservamos en el congelador.

3. Ponemos la hoja de gelatina a remojar en agua fría durante unos 5 minutos.

4. Calentamos lentamente el jugo de trufa al baño maría, añadimos la gelatina bien escurrida y mezclamos muy bien. Pasamos el jugo de trufa a un bol sobre otro con hielo para que enfríe sin llegar a cuajar.

5. Sacamos la trufa del congelador y la bañamos con la gelatina de trufa por todas las caras.

6. Limpiamos y escurrimos las hojas de escarola y las aliñamos con sal, unas gotas de limón y aceite de oliva.

7. Emplatamos con ayuda de un aro. Ponemos la ensalada en la base, desmoldamos y colocamos la trufa sorpresa encima.

ESTA RECETA SE PUEDE HACER CON FOIE MICUIT
COMPRADO O BIEN CASERO (VÉASE LA RECETA
DE TURRÓN DE FOIE Y FRUTOS SECOS EN LA P. 200).

ESTE TIPO DE PLATOS SE CONOCEN COMO
TRAMPANTOJOS, ES DECIR, TRAMPA AL OJO.
BAJO LA APARIENCIA DE UN ALIMENTO
SE ENCUENTRA OTRO TOTALMENTE DIFERENTE.
LA INTENCIÓN NO ES ENGAÑAR SINO SORPRENDER.

PARA ESTA RECETA PODEMOS APROVECHAR RECORTES
Y SOBRAS DE TRUFA DE OTRAS RECETAS.

TURRÓN DE FOIE Y FRUTOS SECOS

Raciones

2 personas

Tiempo de preparación

10 minutos de preparación, 2 horas de reposo

Ingredientes

300 g de foie
20 g de pistachos
20 g de avellanas
60 g de harina de almendra tostada
Sal
Pimienta

1. Vamos a empezar preparando un foie micuit casero. Salpimentamos bien un foie fresco sin nervios y a temperatura ambiente. Lo envasamos al vacío o bien lo envolvemos en varias capas de papel film y ponemos dentro de una bolsa con cierre hermético.

2. Cocemos el foie dentro de una olla con agua caliente sin llegar a hervir durante 20 minutos.

3. Una vez listo, sacamos el foie del vacío y lo pasamos por un tamiz para conseguir una pasta de foie.

4. Por otro lado, tostamos la harina de almendra poniéndola en el horno a 180 °C y removiendo de vez en cuando hasta que esté ligeramente dorada. Retiramos y dejamos enfriar.

   TOQUE TORRES: vamos a poner pistachos a nuestro particular turrón.

5. En un bol colocamos la pasta de foie, tamizamos la harina de almendra y lo mezclamos todo con los frutos secos enteros. Debe quedar una masa homogénea y moldeable.

6. Llenamos unos moldes de silicona con forma de lingotes con la mezcla y enfriamos en la nevera hasta que estén bien sólidos, unas 2 horas.

7. Emplatamos con una base de harina de almendra y los lingotes de turrón encima.

BAJO LA APARIENCIA DE UN TURRÓN TRADICIONAL, LOS COMENSALES SE VAN A ENCONTRAR UN ENTRANTE SALADO MUY SORPRENDENTE.

PODEMOS UTILIZAR FOIE MICUIT YA PREPARADO Y TRITURARLO PARA CONSEGUIR LA PASTA DE FOIE.

LA HARINA DE ALMENDRA SE PUEDE CONSEGUIR EN TIENDAS ESPECIALIZADAS O BIEN LA PODEMOS PREPARAR EN CASA TRITURANDO MUY FINO ALMENDRAS CRUDAS.

TRUCHA CON SALSA DE MANTEQUILLA

Raciones

2 personas

Tiempo de preparación

10 minutos

Ingredientes

2 truchas
2 l de caldo de pescado
(véase la receta)
2 zanahorias
2 cebollas moradas
1 puerro
6 granos de pimienta rosa
Perifollo
Sal
Pimienta

Salsa

4 chalotas
30 ml de vino blanco
20 g de mantequilla
1 lima

1. Limpiamos las truchas, cortamos la cabeza y las aletas.
2. Cortamos las verduras en juliana fina.
   TOQUE TORRES: vamos a cocinar la trucha de una forma diferente.
3. Ponemos a calentar el caldo de pescado en una cazuela amplia o una fuente rectangular que pueda ir al fuego con una rejilla. Antes de que hierva añadimos las verduras en juliana y un poco de sal.
4. Encima disponemos las truchas de modo que queden casi cubiertas por el caldo. Tapamos y dejamos que se cocinen 2 minutos por cada lado sin que el líquido hierva.
5. Para la salsa, rehogamos la chalota muy picada con la mitad de la mantequilla.
6. Incorporamos el vino blanco y dejamos que se evapore un poco el alcohol. Ponemos también medio cucharón del caldo de pescado de las truchas, sal, pimienta y dejamos que reduzca.
7. Fuera del fuego, añadimos mantequilla y vamos emulsionando con un batidor. Cuando está toda la mantequilla incorporada, terminamos la salsa con un toque de zumo de lima.
8. Retiramos la verdura y las truchas del caldo. Les quitamos la piel, que sale con mucha facilidad.
9. Para emplatar, ponemos en la base las verduras, encima la trucha salpimentada y salseamos por encima con la mantequilla blanca. Como toque decorativo, ponemos unas hojas de perifollo.

LAS TRUCHAS SE ENCUENTRAN EN LOS RÍOS DE AGUA
MÁS FRÍA. LAS MÁS HABITUALES SON LAS TRUCHAS ARCOÍRIS,
QUE TAMBIÉN SE CRÍAN EN PISCIFACTORÍAS.

LAS TRUCHAS SON MUY CAMALEÓNICAS,
CUANDO ESTÁN EN PELIGRO, SU PIEL CAMBIA RÁPIDAMENTE
DE COLOR PARA PASAR INADVERTIDAS.

LA SALSA DE MANTEQUILLA BLANCA O *BEURRE BLANC*
LA CREÓ LA COCINERA FRANCESA CLÉMENCE LEFEUVRE,
CUANDO SE LE OLVIDÓ EL HUEVO AL PREPARAR
UNA SALSA BEARNESA.

MERLUZA RELLENA CON SALSA VERDE

Raciones

2 personas

Tiempo de preparación

15 minutos

Ingredientes

2 porciones de tronco
  de merluza
500 ml de caldo de pescado
  (véase la receta)
100 g de jamón ibérico
100 g de espinacas
1 chalota
2 cucharadas de harina
Laurel
Pimienta negra en grano
Aceite de oliva
Sal

1. Limpiamos la merluza y sacamos los dos filetes, que salpimentamos bien.

2. Ponemos encima de uno de los filetes el jamón y parte de las espinacas. Tapamos con el otro filete, como si se tratara de un bocadillo, y untamos ligeramente la piel con aceite de oliva.

3. Cocemos los troncos de merluza en una vaporera encima de una olla con agua, unos granos de pimienta y una hoja de laurel. Van a tardar unos 6 minutos.

4. Para la salsa verde, empezamos rehogando la harina con la misma cantidad de aceite de oliva. Removemos bien para que se cocine sin que llegue a tostarse, con un par de minutos es suficiente.

5. Añadimos la chalota, dejamos un minuto e incorporamos el fumet. Dejamos que espese sin parar de remover para que no se formen grumos.

   🔪🔪 **TOQUE TORRES:** vamos a hacer una salsa verde diferente.

6. Fuera del fuego, incorporamos las espinacas y dejamos que se ablanden por el efecto del calor. Trituramos bien y colamos. Rectificamos de sal y pimienta si es necesario.

7. Emplatamos con una base de salsa verde y la merluza encima.

LA MERLUZA ES EL PESCADO
MÁS CONSUMIDO EN ESPAÑA.

SI COMPRAMOS LA MERLUZA ENTERA
ES MÁS ECONÓMICA Y PODEMOS APROVECHAR
LAS ESPINAS Y LA CABEZA PARA PREPARAR
EL CALDO DE PESCADO DE ESTA RECETA.

LA BASE DE ESTA SALSA VERDE ES UNA VELOUTÉ.
SE TRATA DE UNA PREPARACIÓN BÁSICA DE CALDO
ESPESADO CON UN ROUX.

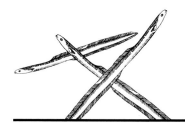

ROYAL DE CONGRIO CON ANGULAS

Raciones

2 personas

Tiempo de preparación

45 minutos

Ingredientes

200 g de angulas
2 dientes de ajo
1 guindilla
200 ml de caldo de congrio
1 huevo
Aceite de oliva
Sal

Caldo de congrio

1 congrio
2 cebollas
1 puerro
1 zanahoria
1 hoja de laurel
Pimienta en grano

1. Empezamos por la base, el caldo de congrio. Ponemos en una olla el congrio cortado en rodajas gruesas, las verduras peladas y cortadas por la mitad, el laurel y la pimienta. Añadimos agua justo hasta cubrir y ponemos al fuego.

2. Cuando hierva, quitamos las impurezas en forma de espuma que se acumulan en la superficie, bajamos el fuego al mínimo y dejamos cocer 25 minutos.

3. Colamos el caldo (del que utilizaremos 200 ml para la royal).

4. Batimos el caldo con un huevo y un poco de sal. Disponemos la mezcla en boles individuales que ponemos al baño maría al fuego. Cocemos unos 10 minutos o hasta que esté cuajado.

5. En una sartén doramos los dientes de ajo fileteados y la guindilla. Añadimos las angulas y salteamos ligeramente.

6. Servimos la royal de congrio con las angulas encima.

LAS ANGULAS SON LOS ALEVINES DE
LAS ANGUILAS, LA ÚNICA CRÍA DE LA QUE ESTÁ
PERMITIDA SU PESCA, QUE SE REALIZA
ENTRE OCTUBRE Y MARZO.

LA ANGULA NACE EN EL MAR, VIAJA MILES
DE KILÓMETROS PARA LLEGAR A LOS CAUCES DE
LOS RÍOS Y CUANDO LLEGA A LA MADUREZ SEXUAL
VUELVE A DESPLAZARSE HASTA DONDE
NACIÓ PARA REPRODUCIRSE Y MORIR.

PARA EL BAÑO MARÍA, PONEMOS UNA REJILLA
A FIN DE QUE LOS BOLES NO TOQUEN
DIRECTAMENTE EL FONDO DE LA CAZUELA.

TÓRTOLAS EN SALSA DE CONGRIO

Raciones

2 personas

Tiempo de preparación

 75'

1 hora y cuarto

Ingredientes

5 tórtolas
1 kg de congrio
300 ml de vino tinto
1 cebolla
1 zanahoria
½ hinojo
1 cabeza de ajos
2 hojas de laurel
40 g de mantequilla
80 g de cebollitas para
  la guarnición
Pimienta negra en grano
1 cucharada de miel
Aceite de oliva
Sal

1. Empezamos preparando la salsa de congrio. Cortamos el pescado en rodajas gruesas. La parte superior, más próxima a la cabeza, la fileteamos, la cortamos en dados y la reservamos para más adelante.

2. Enharinamos las rodajas y las freímos ligeramente en una olla con aceite de oliva. Las retiramos cuando estén doradas.

3. En la misma olla ponemos las verduras cortadas en dados grandes, los ajos en camisa, la pimienta y rehogamos bien.

4. Añadimos el vino tinto y un poco de miel para quitar la acidez. Dejamos reducir un minuto y volvemos a poner el congrio en la olla. Mojamos con agua sin llegar a cubrir del todo y dejamos cocer 25 minutos a fuego suave.

   TOQUE TORRES: combinamos las tórtolas, aves de caza, con el congrio.

5. En una cazuela con un poco de aceite caliente doramos los dados de congrio que hemos reservado antes. Añadimos las cebollitas y las tórtolas, salpimentamos y doramos bien.

6. Incorporamos el caldo de congrio colado, la mantequilla y dejamos cocer a fuego lento durante 45 minutos.

LA TÓRTOLA ES UN AVE
DE LA FAMILIA DE LA PALOMA, DE
CARNE TIERNA Y SABROSA.

LA TEMPORADA DE CAZA MENOR EMPIEZA
EN OCTUBRE Y TERMINA ENTRE DICIEMBRE Y ENERO.

EL CONGRIO ES UN PESCADO SEMIGRASO
DE CARNE FIRME, PIEL GELATINOSA SIN ESCAMAS
Y MUY APRECIADO EN LA COCINA
POR SU SABOR POTENTE.

FOIE AL VINO TINTO

Raciones

8 personas

Tiempo de preparación

1 hora y media de preparación, 5 horas de reposo

Ingredientes

1 pieza de foie de unos 600 g
1,5 l de vino tinto
40 g de azúcar
1 rama de canela
Piel de naranja
Piel de limón
Pimienta en grano
Tostas de pan

Marinada

1 kg de sal
500 g de azúcar
200 g de pimentón
2 cucharadas de curry

Salsa

200 ml de vino de oporto
100 g de azúcar

1. Limpiamos el foie quitándole la ligera tela que lo recubre para que la marinada haga más efecto.
TOQUE TORRES: añadimos a la marinada un ligero toque de curry.

2. Mezclamos en un bol los ingredientes de la marinada: la sal, el azúcar, el pimentón y un poco de curry.

3. En una fuente suficientemente amplia ponemos una cama de marinada, el foie encima y cubrimos con el resto de la marinada. Dejamos que repose fuera de la nevera durante 1 hora.

4. Pasada la hora, limpiamos bien el foie quitando los restos de sal y azúcar bajo el grifo.

5. En una olla calentamos el vino tinto con la canela, las pieles de naranja y limón y unos granos de pimienta.

6. Añadimos el foie al vino tinto y cocinamos lentamente durante 25 minutos.

7. Una vez cocido, lo sacamos del vino, dejamos que enfríe y reservamos en la nevera un mínimo de 5 horas.

8. Para acompañar, preparamos una reducción de oporto. En un cazo reducimos el vino de oporto con el azúcar hasta obtener una salsa espesa y caramelizada.

9. Servimos el foie en rodajas finas, acompañamos con las tostas y con la salsa aparte.

EL FOIE O FOIE GRAS ES EL HÍGADO HIPERTROFIADO DE OCA, PATO O GANSO.

ESTA RECETA ES UNA VERSIÓN DEL FOIE MICUIT, UNA SEMICONSERVA DE FOIE MEDIO COCIDO.

TAMBIÉN PODEMOS ACOMPAÑAR ESTE MICUIT CON UNA MERMELADA DE TOMATE.

LIEBRE TORRES

Raciones

6 personas

Tiempo de preparación

240'

4 horas de preparación,
12 horas de reposo

Ingredientes

1 liebre y 500 g de paletillas
500 g de manteca de cerdo
250 g de redaño de cerdo
750 ml de vino tinto
2 l de caldo de ave
   (véase la receta)
350 g de pan de calabaza
   (véase la receta)
80 ml de sangre de cerdo
40 ml de nata
30 ml de armañac
20 g de harina refinada
   de maíz
20 g de azúcar
Bresa: 1 cabeza de ajos,
   2 cebollas, 2 zanahorias,
   1 puerro, ¼ de celerí
   y ¼ de bulbo de hinojo
5 granos de enebro
Pimienta negra en grano
2 clavos | Grué de cacao
Aceite, sal y pimienta

1. Empezamos preparando la liebre. Separamos las paletillas y los jamones y cortamos el resto en trozos regulares.

2. Extendemos el redaño y lo cubrimos con grasa o manteca de cerdo. Encima ponemos las paletillas salpimentadas y envolvemos bien cada una de ellas con el redaño.

3. En una cazuela amplia y apta para horno doramos la cabeza de ajos entera y añadimos las verduras de la bresa cortadas en trozos medianos. Incorporamos el enebro, la pimienta en grano y los clavos y dejamos que sofría unos pocos minutos.

4. Hervimos aparte el vino con el azúcar para que pierda parte de su acidez.

5. Añadimos las paletillas envueltas en redaño y el resto de la liebre a la cazuela de las verduras. Cubrimos con el vino y el caldo de ave.

6. Recortamos un círculo del tamaño de la cazuela de papel de horno con un pequeño agujero en el medio. Ponemos este papel cubriendo el guiso con una tapa algo más pequeña encima como peso. Horneamos 4 horas a 140 °C.

7. Una vez listo, lo dejamos enfriar y reservamos en la nevera un mínimo de 4 horas, aunque lo ideal es que esté toda una noche.

8. Quitamos la capa de grasa que se ha acumulado y solidificado en la superficie. Volvemos a calentar y cuando esté tibio, retiramos la carne y colamos el caldo con estameña o doble colador.
   ▥▥ **TOQUE TORRES:** ligamos la salsa con sangre.

9. Reducimos el caldo colado hasta tener la textura de salsa ligera. En un bol mezclamos la sangre, la nata y la harina refinada de maíz y lo añadimos a la salsa reducida junto con el armañac. Dejamos que ligue y retiramos del fuego.

10. Deshilachamos la carne de las paletillas y la mezclamos con unas cucharadas de la salsa para hidratarla.

11. Para emplatar, ponemos un lingote de pan de calabaza tostado como base, encima una quenelle de liebre, salseamos y terminamos con un poco de grué o semillas de cacao.

PAN DE CALABAZA Y ALBARICOQUES

Raciones

2 panes de 750 g

Tiempo de preparación

210'

3 horas y media

Ingredientes

750 g de harina de fuerza
400 ml de licuado
  de calabaza
275 g de mantequilla
50 g de azúcar
50 g de levadura fresca
100 g de orejones
100 g de pipas de calabaza
15 g de sal

1. En el bol de la amasadora mezclamos los ingredientes secos: la harina de fuerza, la sal y el azúcar. Añadimos el jugo licuado de calabaza y amasamos hasta conseguir una masa fina. En general este paso tarda unos 10 minutos.

2. Cortamos la mantequilla muy fría en dados y vamos añadiendo poco a poco mientras sigue amasando. Antes de añadir más mantequilla nos aseguramos de que la anterior está bien integrada en la masa.

3. Bajamos un poco la velocidad de amasado e incorporamos los orejones, las pipas y la levadura desmenuzada y seguimos hasta que estén bien mezclados.

4. Sacamos la masa del bol, la pasamos a una superficie ligeramente enharinada y la dividimos en dos partes iguales. Hacemos un hatillo con cada parte de la masa, la giramos y le vamos dando vueltas sobre su eje para conseguir una bola. Dejamos que reposen unos minutos.

5. Untamos los moldes con aceite de oliva. Estiramos un poco cada una de las dos bolas hasta conseguir una forma cilíndrica y las ponemos dentro de los moldes.
   ✕ **TRUCO TORRES:** vamos a fabricar una cámara de fermentación casera.

6. Ponemos los moldes dentro de una caja de plástico grande. Tapamos muy bien con papel film y dejamos que los panes fermenten hasta que dupliquen su tamaño. Tardarán alrededor de 2 horas, aunque el tiempo puede variar mucho dependiendo de la temperatura y la humedad.

7. Una vez fermentados, horneamos a 180 °C durante 45 minutos. Es importante que el horno esté encendido sin el ventilador, ya que los resecaría en exceso.

8. Los dejamos enfriar del todo encima de una rejilla y ya tenemos nuestros panes listos para comer.

¡Buen provecho!

ÍNDICE DE RECETAS

Somos lo que comemos.

ARROZ, PASTA Y LEGUMBRES

CALDOS Y FONDOS

CARNE

CUCHARA

ENTRANTE

PESCADO Y MARISCO

POSTRES

AGRADECIMIENTOS

Queremos agradecer a TVE su confianza y apoyo constante en el proyecto Torres en la cocina. *Y también el trabajo, la ilusión y el apoyo que han hecho posible que este libro sea una realidad, gracias a la profesionalidad y dedicación del equipo de LAVINIA:*

Marta Abad
Laura Aguilera
Hèctor Cornelles
Susana Crestelo
Ignacio Corrales
Gerard Esbrí
Felipe Espinosa
Mar Esteve
Matías Fernández
Jordi Ferrerons
Pau Gascon
Glòria Gil
Judith Hernández
Tatiana Iriarte
Irina Mata
David Martínez
Nino Medaglia
Carles Pàmies
Rodrigo Ramírez
Juan Requena
Elisabet Sànchez
Loli Sevillano
Marta Tañà
Sergi Torres
Cristina Vicente
Xavi Vidal

Asimismo agradecemos al equipo de Penguin Random House su apoyo y profesionalidad en todo momento. Ha sido un placer trabajar con vosotros: Virginia Fernández, Gemma Martínez, David Trías y Marc Vergés.